coleção primeiros passos 260

Paulo Roberto Pereira Raymundo

O QUE É ADMINISTRAÇÃO

2ª edição atualizada e ampliada, 2010

editora brasiliense

Primeira edição, 1992
2ª edição atualizada e ampliada, 2010
2ª reimpressão, 2012

Diretoria Editorial: *Maria Teresa Lima*
Editor: *Max Welcman*
Produção editorial: *Heda Lopes*
Projeto gráfico da capa: *Jairo de Oliveira*
Diagramação: *Iago Sartini*
Revisão: *Ricardo Miyake*
Imagem da capa: *Piotr Bizior disponível no site www.sxc.hu*

Dados Internacionais de Catalogação na Publicação (CIP)
(Câmara Brasileira do Livro, SP, Brasil)

Raymundo, Paulo Roberto
O que é administração / Paulo Roberto Raymundo. - -
2. ed. atual. e ampl. - - São Paulo: Brasiliense, 2010. - -
Coleção Primeiros Passos; 260)

ISBN 85-11-00157-0

1. Administração I. Título. II. Série.

09-12352 CDD-658

Índices para catálogo sistemático:
1. Administração 658

editora e livraria brasiliense
Rua Antônio de Barros, 1839 – Tatuapé
CEP 03401-001 – São Paulo – SP
www.editorabrasiliense.com.br

SUMÁRIO

Para Iúri, a maior motivação;
Luizinho Luck, Marcelo Barboza e Maísa,
amigos e *cúmplices* deste projeto.

Os administradores têm como objetivo fazer as coisas da forma adequada, mas trata-se antes de fazer as coisas adequadas.

Adágio de Warren G. Bennis, adaptado

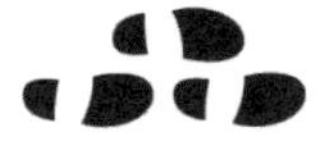

NOTA INTRODUTÓRIA

Quase tudo na vida moderna é administração. Em praticamente todos os ambientes em que vivemos, as coisas estão organizadas segundo certos princípios administrativos. Imaginemos uma grande empresa. Nela encontramos a ação de operários, engenheiros, psicólogos, advogados, contadores, mercadólogos, economistas, matemáticos etc. Todo trabalho realizado por duas ou mais pessoas, que tenham graus de poder diferentes em relação à execução desse trabalho, contém elementos de administração. Em face disso, deparamo-nos com uma grande dificuldade: onde ela começa e quais são os seus limites? Quais são as portas que a ela dão acesso? Qual é o seu formato? É uma ciência? É uma arte?

A maioria das definições didáticas de administração aponta para a ideia de uma ação humana impregnada pelo poder de levar as pessoas a produzir um determinado trabalho. Por essa abordagem da ação gerencial é possível examinar o estilo do administrador, o índice de acerto das suas decisões e o resultado delas, além da maneira como interagem as partes do sistema, objeto dessa ação. É uma visão mais ou menos óbvia do que ela é (mas nem por isso devemos desprezá-la): a ação de alguém que estabelece a execução de certo trabalho por determinadas pessoas, de uma forma específica – e não de outra – e a partir daí o trabalho é executado.

Existem outras portas, porém, que dão acesso a essa temática. É possível visualizar a administração no ecletismo das ciências e disciplinas que são seu objeto. Um cirurgião-chefe de uma equipe administra essa equipe. Poderá ter de definir os salários dos seus médicos, segundo determinado critério. Poderá ainda decidir fazer um curso de pós-graduação em administração para dirigir seu instituto. Nesse caso, terá de coordenar o trabalho de profissionais de variadas formações, como dissemos. E nesse caso, para esse hospital, a administração é um braço da medicina? É possível, afinal, um médico poder praticar de uma forma talvez mais intuitiva do que seria o desejável a gestão de um estabelecimento mesmo sem exibir um bom desempenho como dirigente. Mas um administrador leigo em medicina não pode, em hipótese alguma, praticá-la. De qualquer maneira, a ação administrativa não pode ser suprimida do sistema que estamos examinando, sob pena dele não mais funcionar. Então, a administração também não é secundária. Vamos examinar mais de perto essa questão de ela, ao mesmo tempo, conter e ser contida por outras áreas de conhecimento e de atividade.

A partir da última década do século XX, os governos brasileiros abriram irrestritamente a economia do país com o intuito anunciado (entre outros objetivos anunciados) de equiparar o nosso paradigma tecnológico ao do Primeiro Mundo. Do Terceiro, saltaríamos ao Primeiro. Como abordaríamos um evento como esse sob o prisma da administração?

Tomemos como exemplo, o transporte público, em que se pretende substituir uma boa parte dos ônibus a diesel pelos trens do metrô. Construídos os túneis e seus trilhos, adquirem-se os trens. Ora, uma coisa é comprar esses grandes, sofisticados e caros veículos. E outra é fazê-los funcionar. Um trem do metrô, na sua materialidade, é uma coisa sensível (no sentido de coisa física); mas o seu funcionamento, exatamente por fazer parte de uma malha de veículos que devem operar de forma sincronizada, exige a construção de um dispositivo de controle que inclua todos os subsistemas dessa malha, uma vez que, em comparação com o trem físico, é uma coisa invisível. Na verdade, o dispositivo é exterior em relação a ele, mas, ao mesmo tempo, partilha do mesmo sistema. Isso parece um pouco confuso, mas, se virmos o sistema funcionando, talvez fique mais claro.

O sistema do metrô precisa prever e prevenir acidentes. Primeiro, pelo óbvio empenho em garantir a segurança dos passageiros. Mas também num segundo nível de aproximação: o que fazer quando acontece um acidente envolvendo uma das suas composições, algo que pode comprometer a operação dos demais? Preciosismos lógicos à parte, pelo nosso senso comum o elemento de um conjunto é menor do que esse conjunto.

Nossa ideia corrente do sistema dos trens do metrô nos indica o próprio sistema como uma coisa maior, aquilo que seria o seu corpo inteiro, e um determinado trem do sistema como apenas mais um dos seus elementos, algo subalterno à instância que reúne todos os elementos. Mas ocorre um acidente que põe em risco a operação de todo o sistema. Nesse momento, uma mudança qualitativa dá-lhe uma nova configuração. Esse elemento isolado que antes era apenas uma espécie de átomo de um conjunto de muitos outros átomos passa a ser o centro das atenções. A perspectiva do controle do sistema desloca-se para o ponto do acidente. Aí não se trata mais de apenas um mero elemento do sistema: enquanto os problemas do acidente não forem resolvidos, a operação de todo o metrô fica comprometida. Podemos supor que desde que o metrô foi inaugurado nunca aconteceu um acidente como esse, mas o sistema de controle precisa criar (e manter) dispositivos capazes de resolver rapidamente esses (im)previstos.

Retomando o fio da nossa meada: tínhamos antes os ônibus a diesel, que quando se acidentavam comprometiam bem menos o funcionamento do sistema inteiro; por esse e outros motivos, o sistema dos ônibus exigia menos tecnologia de controle do que o metrô (mas oferecia muito menos benefício por unidade de recurso aplicado). E agora, com o exemplo que acabamos de examinar, já podemos *ver*, num caso determinado, a ação administrativa se desenvolvendo: o trem do metrô é uma coisa sensível (de novo, no sentido de coisa física), os trilhos assentados em que ele vai deslizar também o são, mas por trás dessas coisas que são adquiridas e construídas como unidades é preciso reunir naquilo que seria o *manual de operações* do nosso sistema uma série de saberes, controles, previsões e comandos. O que nos interessa aqui em particular é que a concepção segundo a qual esse manual de operações é elaborado não trata simplesmente as coisas como *coisas*, mas, além disso, foca a relação entre elas. Resumindo: quando compramos um trem do metrô, precisamos provermo-nos também de uma tecnologia que nos permita usá-lo (podemos comprar esse *software*, mas se pudermos criá-lo de forma autóctone é melhor).

Vamos explorar um pouco mais esse exemplo. Sabemos que a construção e operação de um sistema de transporte dessa natureza exigem um conhecimento tecnológico avançado, a chamada tecnologia de ponta. Hoje já é bastante conhecida a relação entre ciência e tecnologia. Do lado da ciência temos a busca da *verdade*, a *observação* e a *contemplação* da realidade, a pergunta de *o porquê* das coisas, enfim, uma atitude e uma ação tipicamente *especulativas* diante da vida e da natureza; já a tecnologia persegue a *utilidade*, interessada em *mudar* a realidade, tratando, afinal, de *aplicar* nesse mister o conhecimento científico.[1] Sabendo disso, vamos assumir, ainda que de uma forma provisória, mais para viabilizar a nossa própria especulação, que na esfera da administração lidamos com o fator *tecnologia*, deixando de lado, com a licença que nos demos, a ciência no seu habitat específico. Nesse caso, dado o nosso exemplo, a figura típica que emerge daquela lista de trabalhadores que mencionamos no primeiro parágrafo é a do *engenheiro*.

---

[1] Rodrigo Borja, *Enciclopedia de la política*; p. 960, México, D.F.: Fondo de Cultura Económica, 1997.

Sem os seus conhecimentos tecnológicos, o sistema não funciona. A engenharia, como vimos, está do lado da ciência *aplicada* enquanto que a ciência, na sua esfera própria, é *ciência pura*. Entretanto, mesmo a forma tecnologia – ciência aplicada – não prescinde do rigor e da precisão, antes pelo contrário. Ora, se a administração é a instância de uma organização – muitas vezes de grande porte – à qual se incumbe a tarefa de fazê-la funcionar o melhor possível, um aparente paradoxo se apresenta: é possível que o administrador se responsabilize por departamentos, trabalhos e funções cujo grau de conhecimento específico esse profissional, meio que como um Outro do especialista, não domine. É desejável que o administrador se aproprie num nível além do superficial dos conhecimentos demandados nas áreas críticas da sua organização, adquirindo uma expertise de mínima para razoável em todas as suas áreas. É desejável que o administrador domine além de um nível superficial os conhecimentos demandados nas áreas críticas da sua organização, mas de alguma forma ele precisa ter um conhecimento de mínimo para razoável em *todas* as suas áreas. É o que se chama de *administrador generalista*. Com essa digressão quisemos chegar ao seguinte ponto: não adianta conhecer, dominar uma técnica e/ou um conhecimento se, ao mesmo tempo, não estiver disponível uma habilidade de gerenciar essa técnica e esse conhecimento, vale dizer, administrá-los.

Há outro traço da administração que torna difícil o seu enquadramento teórico. Pensemos em dois empresários. Um, bem-sucedido e semialfabetizado. Outro, igualmente bem-sucedido e doutorado em Harvard. Um é mais administrador que o outro? Pode ser que não. A formação acadêmica de um pode ser considerada uma vantagem em relação ao outro? Não necessariamente. Quer dizer então que o agudo senso prático do primeiro pode ser considerado uma vantagem em relação a um possível academicismo do outro? Também não necessariamente. Essa ambivalência é possível porque a administração pode se fazer efetiva na ação de qualquer um deles. É diferente da medicina, por exemplo. Esta, para ser efetivada como ciência, deve percorrer as trilhas definidas como válidas pelo paradigma científico (universal) do momento. Ou seja, enquanto a medicina está presa aos cânones das suas enciclopédias, a administração transita livremente entre o senso comum e as teses de mestrado e doutorado, tendo os cursos de MBA (*Master of Business Administration*) como uma especialização mais orientada para o mercado de trabalho. Uma ideia que circula entre os executivos de empresas aponta para certa tipologia de empresários. Diz-se, por exemplo, de um deles, que seu tino empreendedor é apurado, mas a administração da sua empresa é ruim. Vejamos isso. As empresas privadas são abertas no ambiente competitivo da chamada economia de mercado. Trata-se de perceber demandas (pessoas que possivelmente se deixarão seduzir pelos bens ou serviços que se pretende pôr em oferta, dotadas de suficiente poder aquisitivo) do mercado ainda não atendidas, fazer os investimentos necessários e empreender o esforço de combinar nessa nova empresa recursos humanos e materiais adequados para esse fim. A competição entre as empresas no mercado é acirrada, o que, de fato, exige desse empreendedor um mínimo de tenacidade para superar as dificuldades naturais que se apresentam nessas situações. É verdade que alguns empresários fazem isso melhor do que outros. Mas se a abertura de uma empresa pode ser uma pequena odisseia de dificuldades, a etapa seguinte exige outro tipo de habilidade, que é o de propriamente *administrar* essa empresa. Um empreendedor muito agressivo pode não ter, prosaicamente, paciência para lidar com os obstáculos do quotidiano do seu negócio. Obstinado em ampliá-lo rapidamente visando ganhos crescentes, pode acabar vitimado pelo que seria um excesso de capacidade inovadora e criativa.

Considerem-se duas atitudes em relação à administração. Primeiro, entendê-la como um corpo de conhecimentos dotado de um objeto (próprio) de estudos. Passando ao largo de pormenores sobre se, no caso da Teoria da Administração, ela inclui no seu próprio *corpus* uma garantia da sua validade, nós a qualificaríamos como uma ciência que cabe estudar levando-se em conta que a assimilação do seu corpo de conhecimentos é particularmente interessante na sociedade constituída por organizações. Nos últimos cem anos foi produzida uma coleção imensa de livros de administração, na sua maioria norte-americanos e ingleses, e da ordenação e classificação dos títulos publicados resultou a Teoria Geral da Administração, ou TGA. É o principal meio de acesso à ciência administrativa.

Do exame da imensa biblioteca administrativa eu passo a observar no universo das grandes empresas aquilo que chamaríamos de "o mundo da administração", imaginando esse mundo na forma de uma pirâmide. Na sua base vejo mesas alocadas em baias com teclados e monitores de computador, relatórios financeiros e gerenciais, sistemas de informação de um modo geral, apuração de tributos, gente cobrando e recebendo faturas, transações bancárias. Milhões de pessoas envolvidas em uma coisa chamada burocracia, aquele grande *software* a que nos referimos no início.

No nível intermediário, vejo gerentes e diretores entrando e saindo de salas de reunião, viajando pelo país e ao exterior, implementando decisões tomadas no topo da pirâmide e tomando e implementando as suas próprias medidas.

No topo da pirâmide há muito menos gente e apesar disso fica um pouco mais difícil perceber o que acontece ali. Nesse segmento operam os altos executivos em suas atividades pouco transparentes; geralmente nós, as pessoas comuns que nos dedicamos ao trabalho diário da base, não temos familiaridade com esse *modus operandi*. Tendo em mente essa cadeia hierárquica, podemos pensar o complexo governo-Estado. Por Estado, vamos considerar aqui a estrutura formada por funcionários de carreira, cujo ingresso no serviço público se dá por meio de concursos públicos, e por governo o contingente que ocupa cargos de confiança como ministros e secretários, substituível a cada troca de presidente, governadores e prefeitos, no caso brasileiro. Também a esfera do governo-Estado tem a forma piramidal, com uma base de trabalhadores incumbidos de executar o trabalho propriamente dito, um nível gerencial e, no topo, uma direção que elabora e apresenta programas cuja execução atribui-se aos escalões inferiores.

Vamos dar uma olhada na Teoria Geral da Administração.

II
A TGA

As faculdades de administração mantêm em seus currículos uma disciplina chamada Teoria Geral da Administração. Essa teoria, na verdade, é mais um compêndio das várias visões da gestão empresarial que surgiram a partir da Revolução Industrial, quando a empresa se institucionaliza como organização. Vamos examinar aqui de forma muito resumida tópicos de algumas dessas abordagens, remetendo o leitor interessado em se aprofundar nessa temática às leituras indicadas no final do livro.

É comum referir-se a essas escolas da gestão como "abordagens da administração" e sua apresentação geralmente obedece a uma certa ordem cronológica, o que pode ser um indicador das relações entre as transformações sociais, seus impactos nas empresas e as respostas produzidas pelo pensamento administrativo.

O que seria os primórdios da moderna administração – cabe notar que desde os antigos egípcios até o século XIX já se registram escritos que mencionam a variada tópica administrativa, como o destaque da necessidade de planejar, organizar, e controlar e assim por diante – é a abordagem clássica, que inclui nos seus domínios A chamada administração científica, idealizada pelo engenheiro norte-americano Frederick Winslow Taylor (1856-1915). Um século antes de Taylor, Adam Smith (1723--1790), no seu livro *A riqueza das nações,* havia demonstrado no exemplo de uma fábrica de alfinetes como a fragmentação de um processo de fabricação em microetapas atribuídas a diferentes trabalhadores poderia multiplicar o resultado desse processo. Taylor radicalizou esse princípio até as últimas consequências. Mas antes dele, Karl Marx (1818-1883), atento leitor de Smith, antecipava em sua obra *O capital* a tendência do modo de produção capitalista no que concerne ao processo de trabalho, aquilo que viria a ser conhecido como a *doutrina taylorista*:

> Os trabalhos parcelares particulares não só são repartidos entre diversos indivíduos, mas o próprio indivíduo é dividido, transformado no propulsor automático de um trabalho parcelar e realiza a fábula absurda de Menénio Agripa que apresenta um ser humano como mero fragmento do seu próprio corpo. (...) Os conhecimentos, a inteligência e vontade – que o artesão ou o camponês autônomo desenvolvem, ainda que em pequena escala, assim como o selvagem exerce toda a arte da

> guerra como astúcia pessoal – já só são agora requeridos para o todo da oficina. As potências espirituais da produção alargam sua escala de um lado porque desaparecem de muitos lados. O que os operários parcelares perdem concentra-se, face a eles, no capital. É um produto da divisão manufatureira do trabalho colocar face a eles as potências espirituais do processo material de produção como propriedade estranha e poder que os domina. Este processo de cisão começa da cooperação simples onde o capitalista, perante os operários singulares, representa a unidade e a vontade do corpo de trabalho social. Desenvolve-se na manufatura, que mutila o operário em operário parcelar. Completa-se na grande indústria, que separa a ciência – enquanto potência autônoma de produção – do trabalho e a espreme ao serviço do capital.[2]

Vale a pena fazer um parêntese neste ponto. Marx fala de "trabalho parcelar" ao referir-se à divisão das tarefas no interior da fábrica – no "chão de fábrica", segundo o jargão da sociologia do trabalho – enquanto que é comum empregar-se a expressão menos precisa "divisão social do trabalho" quando se trata do mesmo objeto. Para Taylor, tudo era uma questão de tornar perfeita a execução de cada tarefa. As condições para isso incluíam desde a absoluta separação das fases de planejamento, concep-

---

[2] Karl Marx, *O capital*, Livro primeiro, Tomo II, décimo segundo capítulo, pp. 413 e 414, tradução de José Barata-Moura, Pedro de Freitas, Manuel Loureiro e Isabel Parmés, Lisboa: Editorial Avante!, 1992.

ção e direção das tarefas de execução até o emprego de um determinado tipo de operário, segundo suas palavras, "tão forte quanto imbecil, um homem-boi".

A doutrina taylorista e seus estudos de tempos e movimentos, de acordo com padrões de produção estabelecidos por administradores e engenheiros como um corpo estranho ao trabalho dos operários propriamente dito, provocou impacto entre os trabalhadores. Taylor tornou-se uma figura tão odiada no meio industrial norte-americano que acabou tendo de prestar contas a uma Comissão Especial do Senado, em 1911 e 1912. O debate sobre o taylorismo vai além, contudo, da brutal exploração física do trabalhador, como ele preconizava. Há também um discurso elaborado para justificar o mais intenso ritmo de trabalho possível. E o que se coloca por trás dessa teia de argumentos são representações ideológicas como a defesa da eficiência, gerência científica, trabalho científico, produtividade elevada. Dessa maneira, as razões da exploração sobre-humana do operário recairão não sobre seu gerente ou seu empregador, mas sim sobre os imperativos da melhor maneira de se executar um trabalho. Ora, esses imperativos são os conceitos *impessoais* e *racionalizantes* do taylorismo, que como tais esvaziam a discussão sobre *quem é explorado por quem*. O foco da Escola da Administração Científica, à qual se filia o taylorismo, são as tarefas. E nesse sentido o controle do tempo é considerado fundamental. De uma forma nua e radical, o trabalho é formatado de maneira a se obter o maior rendimento, dado o tempo empregado na produção. Uma implicação disso, como apontam Rago e Moreira no título desta coleção *O que é taylorismo*, é o surgimento de uma realidade em que "perdem-se definitivamente os vínculos com a determinação do tempo pela natureza". Como o taylorismo é geralmente apontado como essa abordagem dos primórdios da moderna administração, podemos daí supor que se trata de algo há muito superado por sucedâneos mais adequados à evolução da sociedade. Um manual de operações de uma grande empresa brasileira dos anos 1990, entretanto, nos dá uma qualificação do tempo que Taylor ratificaria sem hesitação:

> O tempo é o elemento mais escasso e se não for controlado nada mais poderá sê-lo. A análise do próprio tempo, além disso, é o único caminho facilmente acessível e, contudo, sistemático de analisar o próprio (sic) trabalho e de descobrir o que é realmente importante nele.

Como teriam evoluído os conteúdos do trabalho desde o tempo de Taylor até as primeiras décadas do século XXI? Hoje vemos no segmento do telemarketing, tomando-o como exemplo, de que forma o trabalho dos seus operadores é rigidamente formatado em monólogos. Sociólogos já pesquisaram essa atividade levando em conta que o monólogo de que os operadores de telemarketing se utilizam no início da abordagem das pessoas que atendem às suas ligações, impedindo o seu (não) interlocutor de interagir no (não) diálogo que empreendem, é alguma coisa alheia à forma natural como o ser humano aprendeu a conversar ao longo de milênios. Não ape-

nas isso, é uma forma agressiva de um ser humano abordar outro ser humano e que no final acaba por estressar um e outro. Teríamos aí casos de técnicas tayloristas atualizadas para um ambiente já muito distante daquele "chão de fábrica" do começo do século XX? Marx via o operário confinado na linha de produção perder "os seus conhecimentos, a sua inteligência e a sua vontade", que eram metabolizados em atributos de um grande operário artificial, a própria fábrica; na central de telemarketing do nosso século um outro elemento humano natural é cirurgicamente extirpado dos seus sujeitos: a linguagem, cuja redução de diálogo para monólogo, tal como vimos, será considerada como fator crítico de sucesso pelos arquitetos dessa espécie de trabalho. Com todas as críticas que se possam fazer a Taylor, contudo, é certo que ele deu a mais poderosa contribuição para a administração consolidar-se como objeto de estudos de nível superior, ironia das ironias, mais pelas críticas que provocou do que pelas ideias que defendeu.

FAYOL

Menos polêmico que Taylor, outro engenheiro inscreveu-se como expoente da abordagem clássica da administração. Trata-se de Henry Fayol (1841-1925), nascido na França e autor do livro *Administração industrial e geral*, publicado só em 1916, já aos 75 anos do autor. Fayol passou quase toda a sua vida numa indústria de mineração de carvão, onde desenvolveu sua carreira

de engenheiro a diretor. Dessa experiência, passou a conceber a gestão da empresa a partir de determinadas funções básicas:

- técnicas;
- comerciais;
- financeiras;
- de segurança;
- contábeis;
- administrativas.

Em relação ao primarismo da administração científica de Taylor, a teoria clássica de Fayol representou um avanço considerável pela sua tentativa de pensar a empresa como um todo, ao contrário da ênfase na tarefa, típica do taylorismo. Ainda que sem contestar a divisão do trabalho, a teoria clássica acrescentaria um novo elemento ao estudo da TGA: a estrutura da empresa, o que representou uma ampliação dos horizontes até então estabelecidos. Contudo, tanto quanto o taylorismo, a teoria clássica de Fayol concebe a administração sob o manto de um extremo racionalismo. Para ela, a empresa é como uma máquina, capaz de funcionar exclusivamente de acordo com a relação causa (decisões racionais)/efeitos (eficiência). Até aí, ninguém havia pensado numa coisa: a empresa é constituída, também, por *gente*.

HAWTHORNE

A hegemonia da mentalidade taylorista no meio industrial norte-americano por várias décadas fez suscitar entre os trabalhadores e seus sindicatos uma insatisfação crescente com as condições desumanas de trabalho. Na esteira desse descontentamento, em 1927 um grupo de pesquisadores, liderados pelo cientista social australiano George Elton Mayo (1880-1949), deu início a uma experiência na Western Electric Company, uma fábrica de equipamentos e componentes telefônicos. Devido ao nome do bairro onde se situava a empresa, em Chicago, a pesquisa ficou conhecida como a Experiência de Hawthorne. A administração ganhava ali novos rumos. Durante cinco anos os pesquisadores trabalharam junto a um grupo de operárias que montavam relés de telefone, tendo como objetivo definir as condições ambientais que maximizassem a produtividade. A premissa era a de que, variando de todas as maneiras possíveis as características ambientais, a combinação ótima entre o melhor ambiente e a maior produtividade surgiria de modo natural.

Para a surpresa dos pesquisadores, descobriu-se que qualquer variação ambiental aumentava a produtividade. Quando se aumentava a iluminação, observava-se um acréscimo de produtividade. Mas também, quando se diminuía a iluminação, a produtividade aumentava. A mesma coisa acontecia quando se alteravam os horários de trabalho e os intervalos. A experiência prolongou-se por meio de um programa de 21.126 entrevistas e mais uma fase de observação dos operários enquanto trabalhavam.

A experiência de Hawthorne deixou mais perguntas do que respostas, mas serviu para mostrar que as relações humanas no trabalho eram essenciais para a administração. A fase de observação dos operários em atividade mostrou que, além da *organização formal*, definida pelo conteúdo formal dos cargos do organograma, havia também uma organização informal, marcada por preferências pessoais e solidariedade grupal diante de colegas considerados alcaguetes e bajuladores.

Essa pesquisa marcou o surgimento e a consolidação da Escola de Relações Humanas, que se caracterizou por enfatizar quase que exclusivamente a adaptação do homem à organização e vice-versa, em contraposição ao enfoque na adaptação do homem à máquina e vice-versa, da teoria clássica.

Se, de um lado, a administração nunca mais foi a mesma depois da Escola de Relações Humanas, as críticas que esta viria a receber foram pesadas. Não foi perdoada a característica dela não ultrapassar, nas suas análises, as relações homem x grupo na área da empresa, em detrimento de uma visão estrutural que a teoria clássica já havia concebido. Pela vertente da crítica baseada na divisão de classes, também foi duramente desancada, como por Maurício Tragtenberg (1929-1998), citado por Idalberto Chiavenato:

> A Escola das Relações Humanas representa a *evitação* e a *negação* – no sentido psicoanalítico – em nível institucional do *conflito* de classes, procurando alcançar a maior produtividade da empresa por intermédio de entrevistas de diagnóstico do candidato a trabalhador com

> os inevitáveis testes de personalidade, criando uma rede de *serviços sociais* na empresa, o sempre jornalzinho interno, a assistência *personalizada* de casos, mantendo cursos e cursilhos que impõem sub-repticiamente maneiras de pensar, sentir e agir através da quais é transmitida a ideologia dos donos da vida. (...) Ela define-se como uma ideologia manipulatória da empresa capitalista em determinado momento histórico de seu desenvolvimento. Acentua a preferência do operário fora do trabalho pelos seus companheiros, quando na realidade ele quer, após o trabalho, ir para casa; é a sua maior satisfação. Valoriza símbolos de prestígio, quando o operário procura maior salário. Vê os conflitos da empresa na forma de desajustes individuais, quando atrás disso se esconde a oposição de duas lógicas: a do empresário que procura maximizar lucros e a do trabalhador que procura maximizar seu salário.[3]

Para os teóricos não marxistas, o problema da Escola das Relações Humanas era o abandono de outros aspectos importantes da empresa, além de seu pessoal, principalmente a sua estrutura. Essa corrente de críticos acabou se tornando conhecida como Escola Neoclássica.

[3] Maurício Tragtenber, *Ideologia e burocracia*, São Paulo: Ática, 1974. pp. 85 e 97.

EFICIÊNCIA E EFICÁCIA

Sua principal figura foi o advogado e jornalista econômico Peter Drucker (1909-2005) e tinha como proposta, por volta de 1940, espanar a poeira da abordagem clássica, tornando-a compatível com uma nova realidade social, já marcada por uma acirrada concorrência entre as empresas.

A teoria neoclássica propõe a valorização do administrador (o executivo, visto como um agente performático), idealmente um elemento eclético capaz de catalisar fundamentos de outras teorias e visualizar com clareza, na sua ação, as dimensões da *eficiência* e da *eficácia*. A visão desses dois conceitos talvez tenha sido a maior contribuição dos neoclássicos para a administração. Consiste em definir a eficiência como capacidade de realizar (bem) uma tarefa, porém sob o questionamento da importância da realização dessa tarefa. Assim, a ação de fazer alguma coisa de forma eficiente, mas que não seja necessária, leva à não eficácia. Isso parece e é obvio, porém extremamente conflituoso com o modelo de organização teorizado por Max Weber (1864-1920), que examinaremos adiante. De acordo com o primado da eficácia em relação à eficiência, é estratégico definir o melhor empreendimento a ser desenvolvido, ou seja, na realidade de uma empresa deve existir mais de um *objetivo* a ser buscado e deve-se submeter esse leque de opções a uma seleção. Drucker acabou se tornando o pai da APO, ou Administração por Objetivos.

Essa escola tem como pontos de partida e de chegada a eficácia. O que importa é o que se quer atingir, o resultado esperado. A maneira como se processará essa operação não é enfatizada, sua aplicação é encargo daquele que recebeu a missão de atingir determinado resultado. Mais importante que fazer as coisas corretamente é realizar as coisas essenciais ao cumprimento dos objetivos. Já se pode perceber aí alguma ruptura com o estabelecido até essa época. A opção pela produtividade da gerência científica, a ênfase na estrutura da teoria clássica e o espírito paternalista da Escola de Relações Humanas deixam de ser fins em si mesmos para se constituírem em fatores de uma dimensão maior: a consecução dos objetivos traçados.

O PLANEJAMENTO ESTRATÉGICO

Em 1960, o norte-americano Theodeore Levitt (1925--2006) escreveu um artigo chamado Miopia em marketing, que se tornou uma pequena bíblia da moderna administração. Nesse artigo, escrito para a *Harvard Business Review*, eram descritos alguns fracassos empresariais com o propósito de mostrar a importância de se definir eficazmente o tipo de negócio de uma empresa. Dois desses exemplos eram as estradas de ferro norte-americanas e a indústria de cinema de Hollywood. Ambas as indústrias amargaram, em pleno auge, um declínio vertical de um momento para o outro. Levitt percebeu que a razão desses fracassos foi a ênfase dada aos *produtos* – serviços de transporte ferroviário e filmes – em vez das *necessidades* que deveriam ser satisfeitas – transporte e entretenimento.

Consta que nos anos 1940, numa noite de entrega do Oscar, a solenidade era mostrada num aparelho de televisão, esquecido num canto qualquer do próprio teatro onde se dava a badalada reunião e sem que ninguém se desse conta da presença do iconoclasta de todas aquelas fantasias. Essa intenção de dar uma dimensão maior ao esforço empresarial fez surgir toda uma literatura que tirou do lucro a condição de objetivo prioritário a ser alcançado pela empresa e fez subir no seu lugar um conceito bem mais pretensioso e refinado: a missão. O lucro passa a ser um meio para o cumprimento da missão; esta é definida, na sua essência, pelas necessidades que devam ser satisfeitas. Apologistas dessa corrente já chegaram a falar, com certo exagero, na figura de um *executivo-estadista* em oposição à imagem do comerciante predador, orientado pelo lucro e pelo fluxo de caixa do dia. Em 1965, o professor H. Igor Ansoff (1918-2002) escreveu nos Estados Unidos um livro sobre estratégia corporativa (no Brasil se chamou *Estratégia empresarial*). Ansoff acabou se tornando uma espécie de guru do Planejamento Estratégico (PE), que surgia como o estágio mais elevado da administração.

A bula do PE é uma versão do *quem sabe faz a hora* transposto para a administração. O planejador estratégico é capaz de moderar a sua tara pelo lucro do trimestre e gastar parte do seu tempo imerso num processo de como se antecipar às tendências sociais e fazer as coisas acontecerem sob a menor incerteza possível. Num primeiro plano define a *missão* da empresa; depois estabelece os *objetivos*, que são programas de trabalho para indicar o que será feito, quando e onde e por fim as *metas*, com a quantificação da produção planejada e do lucro esperado. Em 1932, o japonês Konosuke Matsushita (1894-1989) fez um plano estratégico para 250 anos, divididos em módulos de 25. Examinar o caso do grupo *Matsushita* (marca e produtos *Panasonic*) quase um século depois da elaboração do seu plano pode ser um bom exercício para conferir a fecundidade dessas ideias. Consta que os primeiros módulos foram cumpridos mais ou menos de acordo com o previsto. Um bom subsídio para um eventual estudo desse tipo pode ser uma passagem do diálogo platônico *Laques*, em que Sócrates, como sempre, inferniza o humor dos seus interlocutores, refutando insistentemente as tentativas de definição propostas por eles. Neste trecho, Lisímaco, Melésias, Nícias e o próprio Laques, em meio ao debate conduzido por Sócrates sobre temas como a virtude e a coragem, querem saber dele qual o interesse educativo da arte da hoplomaquia, exercício de esgrima. Ao invés de simplesmente descrever o seu método, Sócrates prefere a isso instaurar uma confusão momentânea na cabeça dos seus entrevistados:

> Sócrates: Se quiséssemos investigar qual de nós é mais versado em preparação física, que havíamos de investigar? Não seria o que mais tivesse aprendido e praticado e que também tivesse tido bons mestres?
> Melésias: É essa a minha opinião.
> S.: Ora, bem: antes de mais, que coisa é essa, afinal, para que procuramos mestres?
> M.: Que estás a dizer?
> S.: Talvez seja mais claro assim: parece-me que, de início,

não chegamos a um acordo sobre o que era isso em relação ao qual nos aconselhamos e discutimos qual de nós é mais versado e em vista disso teve bons mestres, e quem o não é.
Nícias: Mas, ó Socrates, então não é acerca do combate com as armas que estamos a discutir, para saber se devem os jovens aprendê-lo ou não?
S.: Sem dúvida, ó Nícias. Mas quando alguém procura saber, a respeito de um remédio para os olhos se deve ungir-se com ele ou não, em teu entender o conselho é sobre o remédio ou sobre os olhos?
N.: Sobre os olhos!
S.: Logo, também quando alguém inquire se a um cavalo deve ou não ser posto freio e em que circunstâncias, nesse caso, pede um conselho sobre o cavalo e não sobre o freio?!
N.: É verdade.
S.: Portanto, numa palavra, sempre que alguém examina algo em vista de algo, acontece que a deliberação é sobre aquilo em vista do qual se faz o exame e não sobre aquilo que se investiga em vista de algo.
N.: Forçosamente.[4]

A vantagem de Sócrates sobre os seus interlocutores que lhe permite frequentemente induzi-los ao erro reside em que ele, antes de se envolver na liça de argumentos a favor ou con-

[4] Platão, *Laques*, tradução de Francisco Oliveira, Lisboa: Edições 70, 1989, p. 51.

tra alguma coisa, fixa os variados graus da temática, segundo os fins que se pretende alcançar, determinando assim uma hierarquia para o objeto principal e os secundários. Em outras palavras, muitas vezes acontece de julgarmos tratar de um assunto quando na realidade se trata de outro.

ESTRATÉGIA E TÁTICA

Levada às últimas consequências, a ideia de subordinar a eficiência à eficácia acabou cruzando a administração com uma velha conhecida da História: a técnica militar. Uma dupla de autores norte-americanos, Al Ries e Jack Trout, percebeu as similaridades entre estratégia militar e estratégia mercadológica a partir de *Da guerra*, manual de guerra elaborado pelo general prussiano Carl von Clausewitz (1780-1831). Colocaram os paralelos encontrados no livro *Marketing de guerra*, de 1986, acrescentando um novo elemento ao cenário dos combates: a luta pela vice-liderança. Todo líder tem a fraqueza intrínseca à sua condição de primeiro e o candidato a vice deve atacar esse ponto. Exatamente nessa época, o canal de televisão SBT proclamava-se como "o campeão da vice-liderança de audiência", um caso típico daquilo que os autores tinham em mente. Nessa mesma linha, o guaraná Antarctica, pouco tempo depois, posicionava-se como uma alternativa diante da Coca-Cola. Esses exemplos servem para mostrar que a administração, não como o samba, também se aprende nas escolas e nos livros. Mas também para mostrar que a administração é capaz de ordenar seus conflitos e dilemas, ou seja, ela pode pensar-se a si mesma, o que talvez nos dê uma chave para avaliar a questão de podermos ou não considerá-la uma ciência. Paradoxalmente, *Marketing de guerra*, ao mesmo tempo em que procura evidenciar o militarismo da mercadologia, questiona a ideia de que a tática – a ação empresarial, na sua prática – deva estar subordinada a uma estratégia – o plano, a missão. A necessária agilidade da empresa não pode ser comprometida pela rigidez de um plano do tipo "da estratégia à tática". Ao contrário, dizem, para cada tática – oportunidades encontradas no mercado – deve ser concebida uma estratégia.

Esse não é o único dilema entalado na cabeça dos teóricos administrativos. Já na época em que surgia o Planejamento Estratégico, questionava-se se a estrutura formal da empresa deveria ser definida e constituída a partir do plano estratégico ou vice-versa, considerando-se os pontos fortes e fracos dessa estrutura.

WEBER, O PODER E A BUROCRACIA

A teoria da burocracia só foi percebida pela administração a partir dos anos 1940. O arcabouço teórico constituído até então era insuficiente para fazer face a todas as dificuldades encontradas na gestão empresarial. A gerência científica, de Taylor, reduzia tudo a uma questão de realizar de maneira ótima as tarefas. A abordagem humanística só tinha olhos para o aperfeiçoamento das relações sociais no trabalho, em prejuízo dos demais aspectos. Alguém então se lembrou de que já no começo do século, na Eu-

ropa, toda uma teia de explicações sobre como funciona uma organização havia sido tecida pelo sociólogo alemão Max Weber.

Para Weber, o traço mais relevante da sociedade ocidental, no século XX, era o agrupamento social em organizações. A partir dessa premissa, procurou fazer um mapeamento de como se estabelece o poder nessas entidades. No modelo ideal que construiu, as organizações são caracterizadas por cargos formalmente bem definidos, ordem hierárquica com linhas de autoridade e responsabilidade bem delimitadas, seleção de pessoal à base de qualificações técnicas ou profissionais, normas e regulamentos para os atos oficiais, possibilidade de carreira e segurança no cargo.

Quando Weber cunhou a expressão burocracia para representar esse tipo ideal de organização, não estava pensando se o fenômeno burocrático era bom ou mau, simplesmente estava tentando traçar o seu perfil. Hoje, o senso comum dá a ele uma conotação depreciativa que na verdade não corresponde às suas origens.

Entre outras decorrências, a incorporação da teoria da burocracia à ciência administrativa teve como efeito a incursão da administração num terreno não experimentado até então: a ciência social descritiva e explicativa. Ao contrário das abordagens clássicas e humanísticas, marcadamente prescritivas e normativas, a teoria da burocracia se propunha a definir um modelo de organização humana já existente no real, sem preconizar nenhum tipo de gestão empresarial. Explicada com o rigor intelectual de Weber, a administração deu mostras que, nas suas variadas dimensões, poderia figurar no pódio das ciências sociais, não mais apenas como manuais técnicos descartáveis.

2 + 2 = 5

Ter um caso com a teoria burocrática weberiana serviu para a administração sentir-se capaz de realizar voos ainda mais altos. A partir do final dos anos 1940, o estruturalismo do antropólogo francês Claude Lévi-Strauss (1908-2009) estendeu suas influências sobre várias ciências sociais e a administração não foi exceção.

Na busca de um novo paradigma do método estrutural nas ciências humanas, Lévi-Strauss definiu algumas premissas (conforme Roberto DaMatta, *Dicionário de ciências sociais*, FGV/Unesco), que não tardaram a ser assimiladas pela teoria administrativa:

a) Não é a parte que explica o todo, mas o todo que deve explicar a parte;

b) Os fatos sociais são encadeados e não podem ser estudados isoladamente;

c) Devem ser analisados a partir de uma totalidade, como um sistema;

d) Os fatos sociais devem ser vistos em suas relações uns com os outros;

e) O observador do fato social deve evitar a formulação de juízos de valor sobre o objeto estudado;

f) Privilegiar, nesse estudo, a estrutura em lugar do processo.

Na transposição desse método de investigação para os domínios do pensamento administrativo, um fenômeno tornou-se visível: na organização, o todo é maior do que a soma das partes. A isso deu-se o nome de *sinergia*, expressão grega extraída da medicina, que significa esforço coordenado de vários órgãos na realização de uma função.

No *Planejamento estratégico*, de Igor Ansoff, esse efeito multiplicador de esforços abrange quatro áreas:

- *Sinergia comercial*, ocorre quando produtos compartilham os mesmos canais de distribuição, equipes de administração de vendas ou depósitos;
- *Sinergia operacional*, como resultado da utilização mais intensa de instalações e recursos humanos, difusão de gastos gerais, vantagens de ganhos de escala em compras de maior quantidade;
- *Sinergia de investimento*, ou resultado do emprego em conjunto de fábricas, matérias-primas, transferência de tecnologias desenvolvidas de um produto para o outro, ferramentas e máquinas;
- *Sinergia de administração*, ocorre quando uma empresa, ao ingressar num novo ramo de atividades, verifica que sua administração defronta-se com problemas semelhantes aos que já haviam sido encontrados no passado e com mais condições de dar orientação vigorosa e eficaz ao novo empreendimento.

A ESCOLA BEHAVIORISTA

Entre as críticas que se fizeram à Escola de Relações Humanas, uma era de que o seu caráter predominantemente prescritivo tirava-lhe o *status* de uma ciência social substanciada por um rigor experimental aceitável. Para fazer face a esse requisito, o psicólogo alemão Kurt Lewin (1890-1947) realizou nos Estados Unidos uma série de experimentos com pessoas e grupos, convencido de que poderiam ter o mesmo rigor científico dos experimentos físicos ou químicos. Por trás de suas investigações estava a ideia de que o comportamento de um indivíduo num dado momento resulta de um conjunto de forças psicológicas que podem ser isoladas num espaço de vida, cujos elementos constituídos são passíveis de identificação. Esse método investigativo foi chamado de teoria de campo e apresentado por Lewin como "um método de analisar relações causais e de compor construtos científicos, (...) que pode ser expresso sob a forma de certas afirmações genéricas sobre a natureza das condições de mudança". Lewin deixou consolidada a noção de que é possível desvendar a malha psicológica traçada pelas relações dos indivíduos de um grupo. E a importância disso para a teoria administrativa não foi pequena. Esse trabalho tornou viável a aparição do Desenvolvimento Organizacional, movimento que ocupa um lugar de destaque na moderna administração, como veremos adiante.

Outro nome da abordagem comportamental da administração é Abraham Maslow (1908-1970), psicólogo e consultor norte-americano. Maslow elaborou uma teoria para explicar o porquê das ações das pessoas. A maneira que encontrou para fazer isso foi associar essas ações às necessidades que as desencadeiam. Essas necessidades foram por ele classificadas numa linha hierárquica de cinco níveis, nessa ordem de importância:

necessidades fisiológicas, necessidade de segurança, necessidade sociais, necessidade de estima e necessidade de autorrealização. Nessa categorização, os dois primeiros tipos são dados como necessidades primárias e as demais secundárias. Apesar do seu aparente simplismo e linearidade, a teoria motivacional de Maslow ocupa um lugar proeminente na psicologia aplicada à administração. O seu maior problema é ver o indivíduo como um ser estritamente racional, cujas ações obedecem sempre a uma relação mecânica de causa e efeito. Como o leitor perceberá ao longo deste exame das abordagens administrativas, uma das recorrências do texto se referirá àquilo que *é* e àquilo que *parece ser* racional.

Para outro psicólogo norte-americano, Frederick Herzberg (1923-2000), a questão do comportamento do homem no trabalho apresenta-se em outras dimensões. Para ele, as ações de um indivíduo no trabalho são resultado da combinação de dois tipos de fatores ambientais: os higiênicos e os motivacionais. Também chamados de *não satisfatores*, os fatores higiênicos não levam à satisfação, apenas evitam a não satisfação provocada pela sua ausência. É o caso da remuneração, das condições de trabalho, das relações administrativas, da supervisão e dos programas de trabalho desenvolvidos pela empresa. Num outro polo, os fatores *motivacionais* ou *satisfatores* não provocam insatisfação, quando ausentes, mas a sua presença é capaz de levar à satisfação. São eles: responsabilidade, reconhecimento, enriquecimento das tarefas, realização, desenvolvimento, promoção. Outra maneira de abordar o comportamento no trabalho foi criada por Douglas McGregor (1906-1964), reconhecido professor do Massachusetts Institute of Technology. McGregor não procurou mostrar o comportamento humano tal como é, mas limitou-se a referenciá-lo pela visão que dele fazem dois tipos opostos de gerentes. O gerente do primeiro tipo acredita que o empregado é fundamentalmente preguiçoso, desmotivado, pouco ambicioso, pouco criativo, que necessita ser supervisionado e fiscalizado de perto e que todo controle é pouco. Essa concepção ele chamou de Teoria X. O gerente do outro tipo acredita que as pessoas são fundamentalmente trabalhadoras, responsáveis, bastando apoiar e estimulá-las, sem a necessidade de um controle externo. Essa é a Teoria Y.

O MOVIMENTO DESENVOLVIMENTO ORGANIZACIONAL

Por volta de 1960, a escola behaviorista já havia dado novos contornos à teoria das relações humanas, mostrando que era possível, por meio de experimentos científicos na área da psicologia organizacional, mapear as relações sociais dentro de um grupo de indivíduos. De posse desse instrumental teórico, mais uma vez a administração oscila entre a investigação realista e o ideário prescritivo. Surge o movimento do Desenvolvimento Organizacional, ou DO, com a ideia de intervir na organização, em busca de uma melhoria no rendimento do trabalho grupal associado com a perspectiva de uma elevação do nível de qualidade de vida nesse ambiente. Agora, porém, já não mais se tratava de elaborar manuais primários de eficiência na cartilha

taylorista, mas sim de dar ênfase às mudanças requeridas pela organização para atingir a mínima eficácia indispensável.

Como veremos adiante, na abordagem sistêmica da organização, a empresa é vista como um organismo vivo, cuja inércia o impele para o desaparecimento e a morte. Mesmo na sua fase ascensional, suas energias, idealmente, são despendidas para garantir-lhe sobrevivência. Daí que a ideia de intervenção na organização trazida pelo DO acabou associada a uma tentativa de desvendar a crise permanente que acompanha a organização desde o seu surgimento. Em 1972, Larry E. Greiner, num artigo publicado na *Harvard Business Review*, esboçou um ciclo de vida da organização em cinco fases, cada uma delas associada a um tipo de crise.

AS FASES DE EVOLUÇÃO

Quando ainda pequena, a empresa cresce em decorrência da criatividade do líder e da flexibilidade permitida pelo seu porte reduzido. A primeira crise surge quando o tamanho da empresa aumenta sem que a sua estrutura administrativa possa suportar a operação. Essa crise de liderança resolve-se com a implantação de uma estrutura burocrática que supra a necessidade de direção. Rigidamente estruturada, a empresa cresce em decorrência da ação eficiente dos gerentes, mas atinge o ponto em que o seu organograma torna-se exclusivamente formal, o que provoca uma crise de autonomia. Para resolver essa crise, a empresa redimensiona-se em divisões autônomas, o que

traz ganhos de eficiência e crescimento, mas suscita uma crise de falta de controle.

AS FASES DA REVOLUÇÃO

Para resolver a crise e falta de controle, a empresa burocratiza-se novamente, desta vez num outro nível, ganha em coordenação, mas acaba se tornando vítima do seu próprio gigantismo burocratizado. A partir daí, reflexibiliza-se e continua a crescer pelo espírito de adaptabilidade adquirida e capacidade empresarial desenvolvida.

Nesse ponto cabe uma reflexão sobre o perfil do administrador, retomando uma questão que abordamos na nota introdutória. Uma concepção corrente na época do surgimento do DO supunha dois tipos ideais de administradores. Um, o líder, pode ser uma pessoa de qualquer escolaridade ou qualificação, mas que seja vocacionada para o enfrentamento de desafios, construção de grandes empreendimentos, mais ou menos um visionário. Esse tipo teria o seu ambiente natural e atuação nos primeiros anos de vida das organizações, quando as atividades da empresa encontram-se diretamente ligadas à sua figura. O outro tipo, o executivo, viria da universidade – administração, mercadologia ou economia – para substituir por racionalidade o voluntarismo romântico do líder.

Nesse cenário é que se encaixa o DO. A empresa carente de mudanças, incapaz de se autodiagnosticar e formular um programa de renovação, abre suas portas a um agente de mu-

danças, que atue como um *facilitador* das mudanças necessárias. Essa figura é o consultor.

O CONSULTOR

Existem dois tipos de consultorias, a de recursos e a de procedimentos. No primeiro caso, o consultor é contratado para resolver um problema específico e nisso empenha seus conhecimentos técnicos requeridos para aquele fim. É um trabalho de especialista, destinado a desincumbir-se de uma determinada tarefa. Já o consultor de procedimentos reveste-se do papel de um educador imbuído da missão de levar a empresa do cliente a tornar-se capaz de autodiagnosticar-se e pôr em prática as mudanças esperadas. Pelo jargão da consultoria de empresas esse consultor é chamado *agente de mudanças*. Parece pomposo, mas é exatamente disso que se trata: a empresa em estado de letargia não consegue perceber aquelas obviedades que você já cansou de comentar com os seus colegas nos *happy hours* e que só o seu gerente e seus pares não enxergam.

Em relação à *estrutura* da empresa (sua malha de cargos, departamentos, seções, seus manuais de procedimento), o DO contempla a revisão dos métodos de operação, dos produtos, da organização e do ambiente físico do trabalho. Já com relação ao seu *mole* (é assim que o jargão da consultoria define a cultura da empresa, os traços principais das relações interpessoais, seus rituais; veja que na seção de abertura, nós procuramos ver na empresa do metrô que estávamos examinando um *software* e um *hardware*), o DO recomenda desenvolvimento de equipes, suprimento de informações adicionais, análise transacional, reuniões de confrontação, tratamento de conflito intergrupal e laboratório de sensitividade. Ora, isso equivale a mudar apenas... tudo na organização. Entretanto, interessa-nos aqui, antes do estudo dessas técnicas específicas, notar que nos anos 1980 a ideia de mudanças como um processo contínuo se consolida pelo surgimento de uma avalanche de títulos sobre administração.

Esses livros, na sua maioria, apresentam biografias de empresários bem-sucedidos, modelos administrativos propostos por consultores ou exemplos de experiências empresariais, constituindo-se em milhões de exemplares lidos no mundo inteiro. Essa nova onda de literatura administrativa vai deixar fortalecida a noção da mudança permanente visando à sobrevivência da organização num ambiente cada vez mais mutante. O DO tem tudo a ver com isso, mas recebe críticas também, assim como aconteceu com as outras escolas. Sobre ele, suspeitas serão levantadas de um caráter manipulativo e um possível psicologismo exagerado será denunciado. Bem ou mal, esse movimento chegou com força total ao final do século XX, nas entrelinhas da nova literatura administrativa.

Outro aspecto de grande importância da abordagem do DO está ligado ao fato de que a empresa, pela sua própria natureza, tende a crescer desordenadamente durante as primeiras fases do seu ciclo de vida. Dessa condição resulta que uma função mais nobre da administração consistiria na intervenção para o encadeamento de mudanças, já que as primeiras fases da empresa são marcadas pela tenacidade do líder empreendedor. Ou seja, no seu momento crítico, é no DO que a empresa tende a buscar a sua renovação.

Até aqui vimos que a teoria clássica – Taylor e Fayol – enfatiza as tarefas e a estrutura organizacional; a teoria das relações humanas, as pessoas; a teoria neoclássica, as tarefas, as pessoas e a estrutura. Estas são abordagens prescritivas e normativas, que corresponderiam, na moral e na linguagem corrente, a formas idealistas de pensar a ação administrativa. Entre as abordagens explicativas e descritivas, vimos que a teoria da burocracia enfatiza a estrutura; a teoria estruturalista, a estrutura e o ambiente e a teoria comportamental, as pessoas e o ambiente. Estas últimas procuram captar um certo senso da realidade, afastando-se assim dos excessos da prescrição e da normatização. O Desenvolvimento Organizacional reúne elementos de uma e outra linha. Resta-nos agora falar um pouco de sistemas e contingências.

A ABORDAGEM SISTÊMICA

Em 1956, o biólogo austríaco Karl Ludwig von Bertalanffy (1901-1972) publicou um livro com o nome de *Teoria geral de sistemas*. Pretendia mostrar que um determinado modelo de funcionamento dos sistemas poderia ser aplicado universalmente às ciências em geral, da física às humanidades. Supôs que as ciências tinham a mesma forma e, em decorrência, as descobertas de uma delas poderiam ser utilizadas pelas demais. Como era de se esperar, essa teoria logo estendeu suas influên-

cias para as diversas áreas do conhecimento, e também para a administração.

Desde Fayol, com as suas seis funções da empresa, sabia-se da multidisciplinaridade inerente à ação administrativa. A visão da empresa, porém, era ainda a de um sistema fechado, com as atenções das gerências voltando-se para ela mesma. Com a teoria geral de sistemas, percebe-se que a empresa é um sistema aberto, que faz parte de um ambiente mutante, constituído de outros sistemas e que ela constitui-se de subsistemas. A partir das teses de von Bertalanffy, alguns conceitos migram da medicina e da física para a administração pela via dessa nova teoria. Os principais deles são os de *homeostase* e *entropia*.

VIVER MORRENDO

Um corpo – humano ou animal – tende à morte. Desde que nascemos, a inércia dos nossos organismos leva à desintegração desse conjunto. Isso não acontece enquanto o corpo é capaz de perceber qual ou quais órgãos estão ameaçados por esse processo de desintegração e ativar defesas suficientes para suprir de energia esses órgãos. Homeostase é o nome desse processo de reequilíbrio contínuo. Quando isso não é mais possível, o corpo entra num estado de desintegração, ou seja, quando alguma função vital claudica, as demais não são capazes de assumir o prejuízo e trabalhar energicamente no restabelecimento do equilíbrio perdido. É a entropia, segunda lei da termodinâmica.

Percorrendo o roteiro de von Bertalanffy – aplicar de forma analógica e metafórica conceitos de uma área em outra, dando assim mais consistência ao processo de conhecimento do objeto visado – poderíamos checar o alcance do seu método utilizando-o na análise de um sistema bem maior do que uma organização qualquer, uma nação, por exemplo. Trata-se de um sistema, especialmente no caso de um país de grandes dimensões como o Brasil, com seus três níveis político-administrativos: União, estados e municípios, organizados como uma *federação*. No regime federativo, ao contrário de uma *confederação* de estados, há relação direta de poder político entre o indivíduo e a União. Na confederação, o poder político da União se estabelece apenas com os estados, os quais mantêm a sua soberania integral. A unidade do sistema, portanto, é fundamental para uma república federativa como o Brasil. Assim, por mais relapso e irresponsável que seja um governante neste caso, ele precisa ter uma mínima noção do risco e consequências que envolvem uma eventual recusa de alguma das suas unidades federativas em continuar fazendo parte da federação. Em todos os estados da federação funciona uma estrutura do poder federal constituída de uma burocracia, militares, quartéis, instalações, veículos etc. A eventual saída de uma dessas unidades para constituir seu próprio poder soberano altera o funcionamento de todo o sistema em praticamente todas as suas funções, da própria soberania nacional da federação até a economia do país, como a rede de arrecadação de tributos, a previdência social etc. Não é por acaso que quase sempre que uma determinada região de um país manifesta intenções sepa-

ratistas, o poder central ao qual ela se vincula reage de forma enérgica ou violenta. A ação de um governante em relação ao povo do país não pode atingir certo grau de iniquidade a ponto de desencadear um processo de entropia, em que as pessoas que fazem parte do sistema não mais se reconheçam nele. Mas aqui precisamos fazer uma rápida pausa para reconhecer os matizes de uma questão como essa e ponderar a sua complexidade.

Primeiro, nós estávamos tratando da administração nas organizações e passamos a falar de algo muito maior não apenas no tamanho, mas principalmente na sua complexidade. É verdade que a governança de todo um país envolve aspectos administrativos, tanto que existe um ramo do direito para regulamentar os procedimentos do aparato estatal, o direito administrativo. Mas quando falamos de um país, outras dimensões da vida do seu povo se pronunciam, entre elas a da política. Entretanto, mesmo considerando apenas o aspecto administrativo mencionado no parágrafo anterior, já aí teríamos de nuançar algo daquela relação entre o governante e o povo a que nos referimos. Não podemos aqui passar uma ideia mecanicista de que se o governante agir de forma generosa e paternal o povo vai ficar feliz e no caso oposto ele se rebelará tentando subtrair-se a um poder iníquo. Não é simples assim. Lembremo-nos da experiência de Hawthorne. Quando as condições ambientais sofriam uma melhora, a produtividade aumentava e quando as condições ambientais sofriam uma piora, a produtividade... aumentava. Mas também não se trata de que as pessoas não são racionais, incapacitadas de discernir o que é bom e o que é ruim

para elas, mas de que, como nos mostra a filósofa Marilena Chauí com a sua interpretação da doutrina espinosana, já desde o século XVII é sabido que a vida humana é marcada por um racionalismo absoluto agindo o tempo todo para libertar o seu sujeito do irracionalismo, do medo de males futuros, mas também da esperança supersticiosa de bens futuros. Da amplidão desse contexto o que queremos destacar é que, no exemplo que vimos, a cidadania brasileira, neste caso, não pode deixar de ser um valor compartilhado entre as pessoas, caso contrário, para os habitantes do país, o fato de nascer numa mesma região geográfica não passará de coincidência. Um governante que aspire a se tornar, justamente, mais do que um *administrador de problemas,* deve impedir que os habitantes dos estados mais ricos tenham a percepção de que os tributos federais recolhidos aos cofres da União, caso retidos na sua origem, seriam melhor geridos. Antes que se instale esse estado de entropia, cabe ao seu sistema dirigente fornecer a ele *entradas* suficientes para a sua *realimentação.*

Um sistema, diz a teoria de sistemas, precisa de ordem e regularidade para se manter em funcionamento, cumprindo suas funções para refletir o mundo "real". Muitos elementos da vida política e social de uma nação se aproximam desse modelo. Vemos, por exemplo, precisamente esse caso do poder constituído vigiar a vida social visando impedir que um processo entrópico se desencadeie. Mas, mais uma vez, devemos tomar muito cuidado com esse tipo de analogia porque quase sempre elas escorregam na extrema complexidade da vida econômica, social e política de um país. Se dissermos simplesmente que é

preciso manter a ordem no país, na dimensão política essa assertiva poderá sugerir um discurso de inspiração nazi-fascista, é verdade; mas como o sistema pode funcionar sem um mínimo de organização, prescindindo de um consenso mínimo entre os seus agentes, pelo menos em questões fundamentais, como na economia, que exige a cooperação de numerosos grupos de pessoas que compõem as suas diversas matrizes de produção?

O Brasil pode ser considerado um bom laboratório para estudos desse gênero. Consideremos, por exemplo, a crise do Senado do primeiro semestre de 2009, quando a imprensa descobriu e divulgou que o grau de corrupção ali reinante era muito mais alto do que a média de corrupção com a qual já aprendêramos a conviver desde tempos imemoriais. A nação ficou sabendo que o organograma e, principalmente, a folha de pagamento daquela casa abrigavam nada menos do que 181 diretorias. Além disso, algumas semanas antes já tinha vindo a público uma plena orgia financeira com o pagamento de passagens aéreas para pessoas que nada tinham a ver com as atividades congressuais. Foi um escândalo duplo, mas também já nos acostumamos com a rotina diária de escândalos, tornados banais, de tal forma que quando tomamos conhecimento de um já nos preparamos para o próximo e assim por diante. Mas a proporção *deste* escândalo é brutal, a ponto de que passa a tomar corpo num dado momento a ideia de que o Senado deveria ser fechado por ser um órgão que, além de não servir para nada, ainda atrapalha muito a vida pública e a economia do país. Ora, os políticos deveriam ser um pouco mais cuidadosos em relação a problemas desse tipo. Mesmo levando em conta a nossa habitual tolerância

moral em relação à corrupção, alguma coisa dessas proporções mexe com a própria estrutura do sistema. Se o apêndice padece de uma inflamação, o médico trata de extraí-lo. Os políticos brasileiros – lembremo-nos: estamos falando do aparato do governo, adiante vamos falar de governo e Estado – parecem agir como se não tivessem a mais tênue noção disso, como se a sua organização, no exemplo, o Senado, fosse um sistema fechado, isolado do sistema mais amplo que é a Nação. Aquele consenso mínimo entre os agentes do sistema a que nos referimos, mencionando o funcionamento da economia, também é requerido para a vida social do país de um modo geral, como é o caso da aceitação por parte dos contribuintes da manutenção de uma custosa casa parlamentar encarregada de avaliar as leis que são criadas pelo próprio poder Legislativo, como o Senado. Esse mínimo consenso nas comunicações é a *informação* tal como a cibernética concebe a capacidade de um sistema identificar uma disfunção e corrigi-la. E o que é cibernética?

A MÁQUINA IMITA O HOMEM E O HOMEM IMITA A MÁQUINA

Antes de Norbert Wierner (1894-1963), von Bertalanffy, como vimos, já havia preconizado, com a sua *Teoria Geral de Sistemas*, uma ciência das ciências ou um dispositivo que permitisse eliminar o isolamento que cerca cada uma delas em particular. A premissa era a de que o aprofundamento das pesquisas em uma área específica do conhecimento comprometia a visão

generalizante que se poderia ter do ambiente em que o fenômeno estudado ocorresse.

Foi o matemático Wiener quem formulou o conceito daquilo que seria a principal ferramenta da visão holística das ciências: a cibernética. Seu propósito é a busca de propriedades globais de um sistema, resultantes do fato de tratar-se de um conjunto estruturado que ultrapassa a simples soma de suas partes (sinergia).

Um sistema mantém-se em funcionamento enquanto é capaz de processar *entradas*, produzindo *saídas*. Para isso, deve ser capaz de utilizar resultados de seu próprio desempenho como informação autorreguladora, ajustando a si mesmo como parte do processo em andamento. Essa capacidade, ou habilidade, foi denominada por Wiener como *feedback* e cedo seu uso foi disseminado em vários campos de atividade e conhecimento.

Uma ideia que intrigava e instigava Wiener e que foi uma das principais motivações dos seus estudos eram as semelhanças na maneira como *funciona* tanto um animal – homem, seres vivos – quanto uma máquina autorregulável. Vistos como um sistema, eles são semelhantes. Precisam de entradas como alimentos, água, matéria-prima, combustível etc. Processam essas entradas, transformando-as em saídas como produtos, serviços, lágrimas, excrementos, falas etc. Nesse processo autorregulam suas partes quando uma disfunção começa a surgir. No paradigma da cibernética, o elemento fundamental dessa capacidade de perceber uma disfunção e eliminá-la é a *informação*. Vamos retirar de um livro de Idalberto Chiavenato (que resenharemos ao final do texto) o contexto lógico e histórico em que surge um decisivo elemento na trilha da administração, o *computador*. Diz o autor:

> A cibernética é uma ciência relativamente jovem e que foi assimilada pela Informática e pela Tecnologia da Informação (TI). Foi criada por Norbert Wiener entre os anos de 1943 e 1947, na época em que von Neuman e Morgenstein (1947) criavam a Teoria dos Jogos, Shannon e Weaver (1949) criavam a Teoria Matemática da Informação e von Bertalanffy (1947) definia a Teoria Geral de Sistemas.

Enquanto tudo isso acontecia, na Inglaterra desenvolvia-se um dos mais sinistros episódios do século XX, a perseguição de Alan Turing (1912-1954). Se até hoje os franceses não conseguem lidar com a culpa pelo colaboracionismo com os invasores nazistas durante a Segunda Guerra, a vida e a morte do matemático britânico Turing constituem-se um dos maiores horrores da história inglesa contemporânea. Em 1936, ele elaborou o conceito de máquina abstrata, também conhecida como *máquina de Turing*, base da teoria dos autômatos e da calculabilidade, representada por uma sucessão de instruções que agem sequencialmente sobre valores de entrada, fornecendo valores de saída e que serve para formalizar o conceito de algoritmo (conforme a *Enciclopédia Larousse cultural*). De acordo com o relato de um dos pesquisadores da sua obra, Nicholas Fearn, o trabalho desenvolvido por ele foi de grande ajuda para a causa

aliada durante a Segunda Guerra. As comunicações entre as forças armadas alemãs eram cifradas com o uso das lendárias máquinas Enigma, aparentes máquinas de escrever inofensivas, mas capazes de embaralhar uma mensagem nelas digitadas em alemão com um código considerado indecifrável. Em 1943, no centro secreto de decifração em Bletchley Park, Turing e sua equipe montaram o Colossus, a única máquina que conseguiu derrotar o Enigma. Composto das antigas válvulas e tubos de vácuo, o Colossus operava em dígitos binários e, em um segundo, podia escanear 25.000 caracteres de uma mensagem codificada em busca de regularidades e encontrar uma chave. A máquina foi refinada a tal ponto que decodificar um despacho oficial passou a ser uma questão de minutos. Em uma época em que a perda de navios poderia obrigar a Grã-Bretanha a se retirar da guerra por causa da fome, a decifração do código Enigma permitiu aos Aliados seguir a pista de cada submarino alemão no oceano Atlântico. O físico Ivan de Oliveira e o jornalista Cássio Leite Vieira (*A revolução dos Q-bits*) descrevem sucintamente a máquina de Turing:

a) uma fita, dividida em pequenas células, demarcadas com o algarismo 1 ou 0;

b) um conjunto finito de caracteres, ou seja, o *alfabeto* da máquina;

c) uma cabeça de leitura e gravação;

d) um conjunto finito de estados que dizem à máquina a ação a ser desenvolvida em cada passo do desenvolvimento.

E o que Turing ganhou por sua inestimável contribuição ao esforço de guerra britânico na Segunda Guerra, desenvolvendo um modelo matemático de computação que se tornou a base para o desenvolvimento da computação (como uma área da matemática pura) e dos computadores (conforme *A revolução dos Q-bits*)? Foi duramente perseguido pela polícia e a justiça inglesas, sob a acusação de homossexualismo, o que era crime no país, na época. Num processo digno da inveja dos cientistas nazistas, teve de tomar hormônios para "se curar" da "doença", vindo a suicidar-se em 7 de junho de 1954.

Como esse modelo de funcionamento se aplica também a organizações sociais – não o método de tortura aplicado ao Turing, é claro! –, a difusão do uso do computador na empresa leva à ocorrência de um fenômeno já contemplado pela cibernética: em que instâncias o homem, depois (ou antes?) de controlar o computador por ele é controlado? Um médico brasileiro, Heitor Pinto Filho, autor de originalíssimos ensaios nessa área, já se ocupou dessas preocupações. Para ele existe uma espécie de analogia entre o modo como *funciona* um corpo humano, um computador ou uma empresa. Tomado como modelo para a construção e estruturação de outros sistemas, o organismo humano é imitado sempre a partir de suas características básicas: ciclos de processamento, que se iniciam com a entrada de uma determinada quantidade de energia, processam e regulam essa energia e fornecem um resultado desse processamento, no mais das vezes uma entrada de outro ciclo.

Em princípio, a missão do computador seria poupar o homem de elevados volumes de trabalho; mas isso não é simples assim. Para Pinto Filho, a condição de operador e usuário do computador leva o homem a tornar-se *parecido* com ele na-

quilo que é a essência daquele tipo de máquina: a bipolaridade. Exagero? Nem um pouco. A chamada linguagem binária reduz todos os universos à oposição de 0 contra 1. Sabemos que desde sua aparição o homem interagiu com a natureza percebendo as suas infinitas gradações, meios-tons, sutilezas e nuances. Mas o autômato turinguiano nega-lhes essas séries contínuas. Um sapato número 39 pode apertar um pé para o qual o número 40 é muito grande. O volume de som da televisão pode ser muito alto para o marido dormir e baixo demais para a mulher ouvir. Trocando em miúdos, o homem cria máquinas para que estas permitam alcançar diversos objetivos, mas o custo disso é que ele, na sua inteireza, vê-se obrigado a *adaptar-se* a elas.

Quanto mais o nosso sistema de percepções captar o perto e o distante, o baixo e o alto, a saliência e a reentrância, o silêncio e o barulho, o lento e rápido, tanto melhor[5]. Quem passa praticamente a vida toda preso em ambientes fechados, como é o caso da maioria das pessoas, que trabalham em galpões, prédios etc., além de morar em condomínios de apartamentos, tem o campo de visão limitado a alguns metros, olhando para paredes e tetos no lugar do que seria o horizonte e o céu. Uma sucessão vertiginosa de imagens, como é o que aparece geralmente nas telas de computadores e televisão, é apenas uma massa disforme de alguma coisa. O movimento da vida no mundo é, por sua vez, múltiplo e nuançado. No cinema, muitas vezes roteiristas e diretores reproduzem bem isso. Ao longo de um filme sucedem-se planos de interiores, cenas externas, a vida diurna e a noturna,

[5] Marilena Chauí apresentou as bases dessa conceituação na última aula da primeira etapa do seu curso para o mestrado de 2009.

intensidades e relaxamentos etc. As coisas não estão no espaço, estão no tempo, diz Cyro dos Anjos, reverberando a crítica kantiana. Já a nossa contemporaneidade vê os sistemas binários reduzirem tudo a 1 ou 0. A computação quântica, com a ideia de romper com essa polaridade, passando do modelo "1 ou 0" ao modelo "1 e 0",[6] ainda é uma vaga promessa. Um dos motivos da greve de 2009 da USP, com a adesão de estudantes, professores e funcionários, é a recusa ao ensino à distância na graduação. O mestre, figura mítica, tendo já se tornado mero assalariado na educação, vê-se reduzido agora a alguns bits.

Isso tudo tem a ver com a administração porque é na organização que a informática encontra um dos seus principais meios de difusão e, mais que isso, o meio de operar esse processo de interação *do homem para a máquina*, mas não da *máquina para o homem*. Esse fenômeno não teria maior importância se a informática não tivesse se tornado uma entidade meio divinizada depois de o seu uso ter sido difundido em nível massivo. Em outros tempos, a mercadoria, a máquina, o automóvel tornaram-se fetiches. Agora é a vez do computador.

Tomemos em consideração duas ideias muito difundidas a partir do advento da informática. Uma, a de que o uso massivo dos computadores reduziria o consumo de papel e a outra, a de que, de um modo geral, um computador é um objeto ecologicamente correto. Até a última década do século XX era relativamente conhecido o fato de que com a informática a produção de relatórios de papel tornou-se muito maior do que antes, o

[6] Ivan Oliveira & Cássio Leite Vieira, *A revolução dos Q-bits*, Rio de Janeiro: Jorge Zahar. 2009, p. 125.

que se explica pelo fato de que muito mais dados se tornaram disponíveis (você vai ficar impressionado se acumular durante um mês aquela papelada trazida pelos correios e que vai parar embaixo da sua porta; e multiplique isso por milhões de pessoas). Já se sabe que o lixo eletrônico causado pela rápida obsolescência das máquinas não é menos impactante ao meio ambiente do que os recursos materiais usados nos antigos paradigmas administrativos.

A ABORDAGEM CONTINGENCIAL

À medida que percorremos as teorias administrativas que surgiram desde as propostas apresentadas por Taylor, verificamos que gradativamente as atenções se movem das questões mais práticas e imediatas para modelos mais e mais elaborados, vale dizer, para uma busca de conceitos que contemplem a organização em toda a sua complexidade. A teoria dos sistemas, trazendo no seu interior a cibernética, representa um passo decisivo nesse sentido. A caminhada não parou por aí, porém. A partir dos primeiros anos da década de 1950, começaram a surgir estudos que resultaram na teoria da contingência, um conjunto de noções que já absorve a ideia de que a administração deve reduzir a quase zero o tempo de resposta às transformações sociais.

A teoria dos sistemas tocou no assunto da interação do sistema com o seu ambiente, mas foi a teoria da contingência que radicalizou essa preocupação. O olhar se desloca de dentro para fora da organização, para o ambiente e suas demandas. A organização deve ser aquilo que essas variáveis ambientais querem que ela seja e não o contrário. Nada é definitivo, tudo depende. Isso equivale a dizer, então, que as outras teorias que vimos são *furadas*? Não, a ideia é a de que aqueles pressupostos mostram-se adequados em algumas situações e em outras não, como se cada uma dessas teorias tivesse sido desenvolvida para uma situação específica e somente para ela. Daí decorre o caráter eminentemente eclético da abordagem contingencial: ela representa uma síntese de todas as teorias administrativas.

Uma das histórias que se contam para referenciar a questão da oposição diferenciação/integração é a seguinte: um diretor comercial está interessado em preços baixos para poder vender mais; um diretor de produções está interessado em matéria-prima de boa qualidade para satisfazer os clientes; um diretor de recursos humanos quer pagar salários mais altos para impedir a saída de bons funcionários; um diretor financeiro quer comprar a prazo e vender à vista. É a diferenciação na integração que faz par com a unidade na multiplicidade. A ação administrativa que pretenda harmonizar todas essas forças deve levar em conta esses movimentos pendulares para poder conjugar esforços heterogêneos sem deixar de perceber suas particularidades. Vejamos outro exemplo extraído da administração de uma empresa real. Uma equipe de auditores internos criou um sofisticado *software* para detectar disfunções no seu departamento financeiro. Com a sua aplicação, são relatadas certas falhas nas rotinas ali desenvolvidas. Os responsáveis pelo trabalho submetido à auditoria percebem o óbvio e reclamam: se o *software*

foi criado para detectar as falhas do departamento, então por que não usá-lo regularmente no trabalho, evitando assim que as falhas ocorram? Os auditores internos respondem com um argumento circular: o *software* é nosso, nós o desenvolvemos.

Tudo isso parece óbvio, é verdade, mas não é tão simples quanto se intui. Os teóricos clássicos achavam que a integração desses diferentes (que às vezes nem são diferentes, são contrários, mesmo) poderia realizar-se por meio de um processo mecânico, estritamente racional. Isso a partir de premissas como: se eu otimizo a realização de tarefas, então obtenho eficácia; ou: se crio uma estrutura ótima, então idem. Mas não é bem assim.

Quem faz tudo isso funcionar são pessoas. Gente. Quando os conflitos naturais que surgem na colisão entre subsistemas da empresa (diferenciação) não são tratados pela ação administrativa (integração), ocorre uma perda de eficácia. A teoria contingencial pretende contemplar todas as bandeiras que surgiram desde o taylorismo e dar uma conformação ao estilo administrativo em função de cada realidade específica. Retomemos esse exemplo dos diretores. Um está preocupado com a otimização das tarefas realizadas em seu departamento (taylorismo); outro quer criar condições ótimas para os empregados (relações humanas); outro quer fazer caixa custe o que custar (ênfase na eficiência, teoria neoclássica); outro quer vender o máximo que puder e atingir as suas metas (administração por objetivos – APO) e eventualmente o presidente da companhia poderá se empenhar em criar e manter uma estrutura que permita a empresa cumprir os seus objetivos (teoria clássica).

Dá para perceber que esse exemplo percorre praticamente todo o espectro da Teoria Geral da Administração, o que justifica o aforismo de que a teoria contingencial não se propõe a dar nenhuma bula salvadora, no máximo ela poderá recomendar alguma técnica de DO (Desenvolvimento Organizacional) para determinada situação.

No seu outro polo, a abordagem contingencial enfatiza o ambiente e a adequação da organização a ele. Esse é um imperativo básico. A empresa precisa fazer isso todos os dias porque o ambiente muda todos os dias. É uma ideia que parece primária, no sentido de óbvia, na sua concepção, mas nem tanto na sua aplicação. Adaptar-se ao ambiente, entre outras graves implicações, exige mudanças estruturais, que demandam mexer com gente. E isso é complicado. É possível que para se tornar mais ágil seja necessário dar mais responsabilidade e autoridade aos escalões inferiores. Gerentes perderão poder e ficarão enciumados, torcerão o nariz. Ficarão com medo de que esse processo revele certa inutilidade dos seus cargos; ou a delegação de poder revele novas estrelas que poderão tomar os seus lugares. Terminarão por boicotar o processo. Quando tratarmos do humor na administração essa questão vai ficar mais transparente.

III
AINDA SOBRE AS INTERFACES DA ADMINISTRAÇÃO

Com o advento das chamadas revoluções burguesas na Inglaterra, no século XVII, e na França, no século XVIII, as nações progressivamente abandonam o modelo da monarquia absolutista, incorporando a atividade parlamentar como um polo efetivo do poder, seja no modo da monarquia constitucional, o caso inglês, ou no modo da república, o caso francês. A partir daí, no campo da filosofia do direito tomado como ponto de partida, surge com Hegel (1770-1831) uma proposta de explicação das relações entre as forças políticas dessas nações.

Esse modelo apresenta a nação dividida em dois campos: a sociedade civil e o Estado. O Estado é o núcleo propriamente político da nação, a típica pessoa jurídica, opondo-se à sociedade econômica, à sociedade civil burguesa e ao universo das famílias. Nos meandros da filosofia hegeliana, num certo momento, cronológica ou logicamente, a sociedade civil passa a ocupar o lugar da família, não se tendo mais a sociedade como o conjunto dessas células, as famílias. Isso porque a marca fundamental dessa sociedade civil emergente será o *isolamento* do *indivíduo*. Os indivíduos, diz Hegel, são pessoas privadas, tendo como fim o seu próprio interesse, reforçando em outra passagem tratar-se de um interesse *egoísta*. Em alguns dos seus textos de juventude, como em *A questão judaica*, por exemplo, Marx fará uso desses conceitos como contraponto à figura do homem como um *ser genérico*, apresentada pelo filósofo alemão Ludwig Feuerbach.

Com essa digressão queremos mostrar que a administração de empresas propriamente dita tem o seu lugar no lado da sociedade civil, em que o caráter legal e jurídico das coisas de um modo geral é negativo, não em um sentido pejorativo, mas porque ali tudo o que não é ilegal é permitido. Além disso, as pessoas que agem nessa esfera – interessa-nos aqui, é claro, o administrador de empresas – não são obrigadas a *fazer* nada sob o ponto de vista legal. Nas esferas penal e cível, há algumas situações em que o indivíduo é obrigado a fazer alguma coisa, como, por exemplo, socorrer alguém acidentado ou dar proteção e prover as necessidades de um filho menor. Mas isso não é a regra no ambiente econômico das empresas. Poderíamos dizer que, num caso limite, uma pessoa da sociedade civil que decida não fazer mais absolutamente nada na vida, expondo-se assim à inanição, no máximo, sob o ponto de vista das im-

plicações a que ela pode se sujeitar, virá a ser considerada portadora de alguma doença, recebendo assim algum cuidado da saúde pública ou da assistência social. Já do lado do Estado, as coisas são muito diferentes. Seu núcleo administrativo é a administração direta, no caso brasileiro, o espaço jurídico-administrativo intrínseco aos ministérios do Estado. Nessa esfera, tudo deve ser positivamente legal, ou seja, o administrador público não apenas não pode praticar nenhuma ilicitude como é *obrigado* a implementar certas medidas. Vamos tomar um exemplo.

O indivíduo *A* é um empresário e *B* um administrador público. *A* dá emprego em sua empresa a sua namorada, que é uma pessoa honesta, não pratica atos ilegais, mas é incompetente. Por causa disso, ele acaba levando certo prejuízo. Enquanto isso, *B* contrata para trabalhar, na repartição pública que chefia, um parente seu, uma pessoa honesta como a namorada de *A* e normalmente competente, que não causa prejuízo algum ao Erário. Qual das duas situações é anômala? A de *B*, em que nenhuma perda se registrou. O prejuízo sofrido por *A* é algo da sua própria conta, ninguém pode questioná-lo por ter tomado uma decisão errada. Mas *B* não pode fazer algo que lhe pareça adequado, mas que não esteja previsto em lei, além disso, deixando de fazer aquilo a que estava obrigado por lei, no caso organizar um concurso público para o preenchimento da vaga aberta do qual todos poderiam participar, inclusive o seu parente.

É evidente que a separação entre a sociedade civil e o Estado no paradigma burguês, tendo ganhado sua nitidez a partir dos novos modelos políticos que mencionamos é algo que se reflete nas mais variadas relações entre pessoas e instituições; não existe, obviamente, um muro entre as duas esferas. Assim, se do lado da sociedade civil as coisas são muito claras – as pessoas e suas organizações, as empresas, competindo de forma quase selvagem no ambiente econômico – do lado do Estado não há tanta clareza. Ele é constituído por funcionários de carreira, admitidos por concursos públicos. Mas e o presidente da república, os ministros, os governadores, os deputados e os sena- dores, também fazem parte do Estado? Em nossa opinião, não. Eles constituem o *governo*. A ocupação desses cargos tem um caráter de provisoriedade, algo alheio à natureza do Estado. Assim, de acordo com a nossa sugestão, o governo é a formação de uma equipe de dirigentes em constante rotação (no caso brasileiro, a cada quatro e oito anos), sendo a origem desses quadros a sociedade civil, ou seja, o governo é um corpo da sociedade civil incumbido de dirigir o Estado. Assim, um senador, mesmo da oposição, faz parte do governo, ainda que de uma forma peculiar, mas um funcionário público regularmente investido no seu cargo não faz parte do governo, e sim do Estado. Ora, sem dúvida isso é motivo para uma cadeia de curtos-circuitos. Há uma incompatibilidade entre o ethos burocrático profissional do corpo fixo do Estado e a mentalidade daqueles dirigentes oriundos da sociedade civil, território marcado pelo espírito individualista em que os indivíduos tendem ao isolamento. Num texto dos anos 1970, diz Francisco Weffort na introdução de *Burocracia e ideologia*, de Maurício Tragtenberg, (veja resenha no final):

> Na verdade, é preciso reconhecer que até certo ponto os dilemas do intelectual Max Weber são os de todos os intelectuais democráticos do mundo atual, venham eles de uma tradição liberal ou de uma tradição socialista. E, em particular, naqueles países que, como o Brasil de nossos dias, têm em comum com a Alemanha da passagem do século XIX para o XX um desenvolvimento industrial atrasado, porém intenso, uma burguesia dotada de uma tradição liberal extremamente frágil, um movimento operário frágil e uma enorme burocracia estatal e um regime autoritário que submetem a seu império todas as manifestações de vida da sociedade civil.[7]

Mesmo considerando que desde a época da publicação do texto até hoje a máquina estatal teve seu tamanho relativo consideravelmente diminuído, não podemos concordar com Weffort em relação a isso, já que estudos comparativos demonstram o contrário, mas a citação dá bem uma ideia do ponto que queremos destacar com relação à tópica da separação entre a sociedade civil e o Estado.

Dissemos, então, que do lado da sociedade civil as coisas se resolvem com uma certa clareza, interessando-nos aqui, é claro, o mundo administrativo. Vamos retomar a questão de quem e de como se tomam decisões, desde há muitas décadas debatida entre os administradores quando tratam da interação pela participação, tendo já numerosos casos de empresas que

[7] Francisco Weffort, in *Burocracia e ideologia*, de Maurício Tragtenberg, São Paulo: Editora da Unesp, 2006. p. 16.

reviram o modelo mecanicista de tomada de decisões. Como lembra bem Weffort no texto citado, "Fayol representa de certo modo um prosseguimento dos princípios de Taylor. E de fato os leva mais longe com a introdução de uma concepção de unidade de comando que significa a transposição para o campo da administração industrial dos princípios que fundamentam a hierarquia militar". Podemos destacar desses modelos clássicos uma combinação de dois dos seus elementos: uma opção obcecada pela quantificação orientada para a produtividade, estimulada pelo taylorismo e, em Fayol, um ideal de organização linear marcado por unidade de comando, unidade de direção, centralização da autoridade e rígida hierarquização. Como vimos, a partir da experiência de Hawthorne, pesquisas e novidades teóricas passam a questionar esses pressupostos. O administrador passa a se preocupar com a operação no longo prazo, ver a impessoalidade nas relações humanas como um problema, com a interação da empresa e o seu ambiente, com a definição da sua missão e outros programas desse tipo. Rever o modelo de tomada de decisões de-cima-para-baixo inclui-se nesse programa evolutivo. Hoje, quando uma operadora de caixa do supermercado nos pergunta se não encontramos algum produto da lista de compras, o procedimento nos parece óbvio: quem faz o contato com o cliente é ela, logo, nada mais elementar que ela capte a informação com ele. Mas se passaram muitas décadas sob a primazia da rigidez hierárquica até que isso se tornasse um programa de trabalho rotineiro. Dar autonomia para o pessoal de baixo decidir não é uma questão de bom-mocismo e sim de sobrevivência. Todo mundo concorda que uma empresa precisa ser ágil o suficiente para tomar boas decisões rapidamente, mas isso é doloroso, implica *partos* como:

a) Reduzir o número de níveis hierárquicos;
b) Dar poder para os subordinados;
c) Dar informações para os subordinados;
d) Ferir suscetibilidades;
e) Demitir alguns gerentes;
f) Abolir parte dos controles internos;
g) Admitir que a alta administração e as gerências são mais incompetentes do que se imaginava;
h) Ter a sensação de perda de controle;
i) Dividir parte dos lucros;
j) Acompanhar esse processo continuamente.

Estamos falando, portanto, do poder na organização. Como vimos, existe numa empresa uma ampla margem de manobra do lado da direção, que tem sob o seu controle o caixa de onde sai o pagamento dos salários dos empregados. Mas várias décadas de estudo e prática da administração já mostraram que o gesto mecânico de pagar pelo trabalho do trabalhador não garante que ele produza o quanto dele esperam os seus administradores.[8] Dado o leque de opções de que a organização que opera na dimensão do direito privado dispõe para competir na economia de mercado, ela pode dele fazer uso para mexer nos pontos nervosos de decisão visando a um maior rendimento da sua operação. No marco dessa combinação de cir-

[8] Podemos pensar num debate sobre a questão tomando como referência as citações de Tragtenberg, da nota 3.

cunstâncias, nós tivemos no Brasil, no final dos anos 1980, duas experiências que se tornaram referências do que poderíamos incluir na rubrica gestão participativa, quando as empresas Semco e Método Engenharia procuraram romper com o modelo tradicional de hierarquização do poder no interior da sua organização. Com os seus programas de mudanças elas buscaram – e pelo que estudos realizados na época apontaram, conseguiram promover – o envolvimento dos níveis hierárquicos inferiores em todo o ciclo produtivo e na gestão empresarial. Essa gestão participativa, dados certos limites, visa ao envolvimento de todo o coletivo de trabalho no processo de criação de subsídios para tomadas de decisão. Abrem-se espaços para o pessoal da base da pirâmide interagir efetivamente com os demais níveis gerenciais da empresa (e, além disso, estimula-se essa participação).

Na Semco, foram desenvolvidos 29 programas de participação, destacando-se entre eles a redução dos níveis hierárquicos a apenas quatro, fixação de salários e divisão de 15% dos lucros de forma participativa, plebiscitos para promoções, aprovação de admissões para cargos de chefia por todos os subordinados, aulas de leitura de balanços para todos os funcionários, horário de trabalho flexível, aprovação de demissões, permissão para os executivos trabalharem em casa durante um dia por semana, aumento da produtividade e programação da produção. Que tipo de crítica (no sentido de examinar) poderíamos fazer de um programa como esse? Há uma série de vantagens óbvias: com a sua implementação a empresa pode inaugurar um ciclo virtuoso: ganha competitividade no mercado (a partir dos seus ganhos de produtividade), o que garante o emprego do contingente de empregados que se adapta ao novo paradigma com o aumento da remuneração proporcionado pela divisão de parte dos lucros. Neste ponto caberia fazer um parêntese para destacar que na administração como objeto de ensino e aprendizado, é típico fazer uso de exemplos como esse da Semco para dele se extraírem os óbvios ensinamentos. É o estudo de casos, presumindo-se que o exemplo recortado seja representativo da realidade em que se inscreve. A representação desse tipo de programa já faz pela sua própria lógica de legitimação o destaque das vantagens que assinalamos. A crítica que deve ser feita, porém, exige que examinemos possíveis ideologizações dessas narrativas.

DEMONSTRAÇÃO DO RESULTADO DO EXERCÍCIO (DRE)

CONTAS	Pelo método contábil convencional (A)	Pela teoria da mais-valia (B)
Receitas de vendas	100	0
Receitas de trabalho não remunerado	0	40
Custos	30	0
Despesas	30	0
Lucro	40	40

Fonte: Paulo Roberto P. Raymundo.

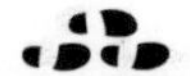

Os custos e as despesas não aparecem na demonstração B porque não expressam uma operação econômica enquanto resultado. *A venda por cem unidades monetárias do produto fabricado também não aparece nesse demonstrativo porque se trata literalmente de uma* troca; *o comprador paga cem por um produto que vale cem, ou seja, não é nessa transação que se gera qualquer resultado. Como frequentemente Marx assinala n'*O capital, *o capital, como fundo de comércio, é* adiantado *na operação empresarial. Ele entra e sai do caixa da empresa como mera operação financeira que não produz efeitos econômicos, que são gerados* internamente, *no processo de produção.*

Há, de fato, um ganho de remuneração por parte dos empregados em casos como esses? A teoria do valor mostrada e demonstrada por Marx em *O capital* revela que não é na comercialização – segundo a sua terminologia, na *circulação* – dos produtos que as empresas obtêm os seus ganhos financeiros e sim na sua própria produção. O interesse em estudar esse livro no âmbito do pensamento administrativo está no exame minucioso que Marx faz do trabalho a partir de enfoques históricos e sociológicos, expondo ao leitor o jogo quase nunca equilibrado entre aquele que executa e o que controla e toma o produto do trabalho. *O capital* é uma obra marcada pela prolixidade do autor, de que até o seu parceiro Engels ressentia, mas numa passagem em que ela é superada de forma brilhante duas matrizes do trabalho social são postas em contínuo; de um lado, as formas de escravidão e, de outro, o trabalho livre:

> Vemos além disso que o valor de três *sh.* (xelins) em que a parte paga do dia de trabalho, isto é, trabalho de seis horas, se apresenta, aparece como valor ou preço do dia de trabalho total de doze horas. A forma salário apaga, portanto, todo o vestígio da divisão do dia de trabalho em trabalho necessário e sobretrabalho, em trabalho pago e não pago. Todo o trabalho aparece como trabalho pago. No trabalho servil diferenciam-se espacial e temporalmente, de modo palpavelmente sensível, o trabalho do servo para si próprio e o seu trabalho forçado para o senhor da terra. No trabalho escravo, mesmo a parte do dia de trabalho na qual o escravo apenas repõe o valor dos seus meios de vida próprios, em que ele de facto trabalha portanto para si próprio, aparece como trabalho para seu dono. Todo o seu trabalho aparece como trabalho não pago. No trabalho assalariado, mesmo o sobretrabalho ou trabalho não pago aparece, inversamente, como trabalho pago. Ali a relação de propriedade oculta o trabalhar para si próprio do escravo, aqui a relação monetária oculta o trabalhar gratuito do assalariado.[9]

[9] Karl Marx; *O capital*; Livro primeiro, Tomo II, décimo sétimo capítulo, tradução de José Barata-Moura, Pedro de Freitas Leal, Manuel Loureiro e Isabel Parmés, Lisboa: Editorial Avante!, 1992. p. 612.

Temos assim:

	Trabalho escravo	Trabalho servil	Trabalho assalariado
Visibilidade da parte não paga do trabalho	Plena	"Palpavelmente sensível"	Apagamento de todo vestígio de trabalho não pago

No regime de trabalho assalariado, o indivíduo é livre para fazer o que bem entender, mas o caráter compulsório do trabalho é dado pela sua própria sobrevivência; fora disso só lhe resta a marginalidade. Há uma parte do trabalho do operário (no caso de uma fábrica) que nunca é paga, de tal forma que um produto qualquer é vendido no mercado *exatamente* pelo montante do seu valor. Assim, uma demonstração do resultado do exercício (relatório contábil em que são apresentadas de forma dedutiva as operações comerciais de um determinado período; a função contabilidade, como vimos em Fayol, tem relevância no ambiente administrativo) tal como hoje a conhecemos, mostrando financeiramente, de um lado, o valor obtido com as vendas das mercadorias e, de outro, os seus custos e as despesas operacionais já não nos revelaria a fonte das receitas dessa operação porque estas, para Marx, têm a sua origem no momento mesmo em que a mercadoria é produzida, carregando nela própria, quando é estocada para em seguida ser vendida, aquela parte do trabalho não paga, a mais-valia, engendrada pela forma de produção capitalista. Assim, a ideia de uma participação dos empregados nos lucros das empresas perde a sua possível lógica intrínseca: um sujeito não pode ganhar de outro algo que sempre foi interno a ele mesmo.

Se a plateia de um palestrante ouvir dele que a sua empresa reduziu os vários níveis hierárquicos do seu pessoal a apenas quatro, dificilmente deixará de atribuir à medida um caráter inovador e progressista. Mas é frequente vermos ocorrer no chamado mundo corporativo (expressão cunhada por teóricos da gestão de empresas que sugere certa glamurização de um ambiente marcado pela dura luta pela sobrevivência econômica) que ao eliminar um determinado nível hierárquico, a empresa quase sempre encarrega os trabalhadores imediatamente abaixo dele de executar as suas funções, muitas vezes pelo mesmo salário.

UM MUNDO ADMINISTRADO

Os pensadores da escola de Frankfurt investigaram a questão da perda da experiência na sociedade moderna no conjunto das suas obras, conhecido como Teoria Crítica. Olgária Matos, autora de uma instigante obra interpretativa dessa corrente filosófica, destaca aspectos da passagem da vida comunitária à vida em sociedade:

> Ferdinand Tönnies (1855-1936) e Max Weber fornecem os indicadores das transformações sociais pelas

> quais passa a Alemanha e que a industrializaram em larga escala, criando uma potência que não é mais predominantemente agrária. Em *Comunidade e sociedade*, Tönnies mostra o contraste entre as relações de intimidade presentes nos laços de família e de vizinhança na sociedade rural e as relações impessoais do mundo urbano e industrial. Chama a atenção para a perda de valores como a honra, o juramento e o respeito pelo passado e pela tradição. Já Weber reforça de maneira mais visível a Teoria Crítica quando – em *Economia e sociedade* e *A ética protestante e o "espírito" do capitalismo* – vê na perda das relações tradicionais na sociedade o início da racionalização e da formalização dos laços pessoais em um mundo agora *desencantado*. O *desencantamento do mundo* e a formalização da razão caminham juntos. Weber mostra de que maneira o mundo é despojado de seus aspectos místicos, míticos, sagrados e proféticos; o real torna-se mecânico, repetitivo, causal. O mundo assim desencantado deixa um imenso vazio na alma.[10]

Ainda que possamos estabelecer algumas reservas quanto à ideia de Weber de um mundo desencantado – nunca vimos tanta gente se envolvendo com as mais variadas ordens religiosas como neste início de milênio, o que até nos dá a pensar que

[10] Olgária Matos, *A escola de Frankfurt – luzes e sombras do iluminismo*, São Paulo: Editora Moderna, 1999, p. 16.

esse reencantamento do mundo revele quanto o modo de vida em sociedade, o homem isolado como uma mônada leibniziana, foi levado às suas últimas consequências – essa noção de vida societária, dizíamos, não mais comunitária, converge muito nitidamente para a realidade de um mundo administrado, como indicaram os frankfurtianos. A forma administrada de trabalhar expande-se além do mundo do trabalho e captura toda a sociedade, para o que a acelerada urbanização ocorrida, no caso brasileiro, concorre de forma decisiva. Assim, enquanto eu trabalho numa organização devo formatar a minha vida (meus horários, meu comportamento etc) de acordo com os parâmetros do trabalho que executo; mas isso não para aí: o meu lazer, os meus estudos, os cuidados com a minha saúde, ou seja, toda a minha vida será organizada de acordo com certos horários – e não quaisquer horários –, com certas regras de socialização – e não quaisquer regras –, com a aquisição de determinados saberes – e não quaisquer saberes etc. É preciso dizer, entretanto, que essa reflexão não é nova e nada tem de original; Rousseau, por exemplo, já andava na contra mão do otimismo com que os iluministas viam o progresso da ciência até que no século XX o movimento *hippie* acenará para um resgate do bucolismo perdido, de uma forma, vista de hoje, bem mais romântica do que transgressora.

Nos anos 1990 muitos adolescentes negligenciavam seus trabalhos escolares de casa para brincar com o vídeo game dos *lemmings*, inspirado numa espécie de mamíferos roedores dos países nórdicos sobre os quais paira a lenda de que "em certas situações que intrigam os cientistas que se debruçaram sobre o assunto, praticam suicídios coletivos, encaminhando-se em massa para o oceano" (conforme *blog* de Ruy Takayama). Na animação do joguinho, eles avançam em fila para o precipício e vão caindo, um atrás do outro, enquanto alguém não providenciar algum socorro, como construir uma ponte para atravessarem. Se ninguém fizer nada, caem todos no abismo. Os paulistanos que frequentam a avenida Paulista e suas imediações na hora de almoço dos dias úteis deverão ter reparado como uma multidão de trabalhadores dos escritórios daquela região constitui uma semiótica típica daquele horário: homens e mulheres enquadrados no seu vestuário funcional, algo elegante, algo esportivo desfilando em hordas pelas calçadas da avenida e ruas adjacentes rumo a restaurantes apinhados de outros tantos trabalhadores dos escritórios etc.[11] Todos os dias a mesma multidão fazendo a mesma coisa, o mesmo visual, no mesmo horário, nas mesmas filas. Outra circunstância aparentada com o universo dos *lemmings* está relatada por Ray Monk, autor de uma bela biografia pessoal e filosófica de Ludwig Wittgenstein. Certa vez o filósofo austríaco e seu amigo David Pinsent estavam escolhendo um lugar onde passar as férias. As opções eram Andorra, Açores ou Bergen, na Noruega. O destino mais tentador era, de longe, os Açores, mas não tinha como os dois fazerem essa viagem porque Wittgenstein não suportava turistas, especialmente se fossem norte-americanos. E o risco de encontrarem no navio "bandos de turistas americanos" era alto. No fim, acabaram na gelada Bergen. A figura do

[11] Devo a sugestão da analogia a Eduardo Rauert de Freitas, com quem discuti o assunto nos encontros da nossa roda de filósofos das horas vagas.

turista, aos bandos, com as suas câmeras, bermudas e pacotes de viagem, também é emblemática do homem isolado na sociedade, que quanto mais se agarra à sua individualidade, mais se massifica. Podíamos escolher um verbo que capta reflexões dessa ordem e a emergência de um *homem organizacional*: formatar. No caos da economia de mercado, paradoxalmente, um dos mais impactantes efeitos da ação administrativa é o de homogeneizar praticamente tudo que faz parte do seu universo.

COMO ERA DOCE O MEU TAYLORISMO

Como vimos no capítulo sobre a Teoria Geral da Administração, o seu estudo geralmente é feito pelas escolas e abordagens que se sucederam a partir da gerência científica de Taylor, por volta de 1900. Mas não gostaríamos que o estudante de administração absorvesse a ideia de que nesse percurso cronológico, a abordagem posterior fosse necessariamente melhor do que a anterior. As coisas não são simples assim. Negar que as transformações sociais acontecem, diferenciando a ação humana e a reflexão sobre essa ação é uma atitude míope; mas supor que década após década a humanidade produz coisas sempre melhores do que havia produzido antes é no mínimo ingênuo. Voltemos ao exame do taylorismo.

A difusão das suas técnicas encontrou forte resistência por parte do sindicalismo norte-americano até que em 1912, depois de passar por um inquérito parlamentar, o sistema foi proibido por lei de ser implementado nas dependências da burocracia federal.

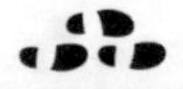

As clássicas cenas de *Tempos modernos*, de Charles Chaplin, em que o ajudante de montagem acaba engolido pela própria engrenagem que alimenta o seu trabalho corrobora com justiça a nossa condenação de uma economia tão desumana. Mas isso não deve nos levar a aceitar de forma acrítica a noção de que tal realidade social simplesmente evolui na aparente linearidade dada pela passagem do tempo. Se o taylorismo foi dado como alguma coisa muito má, significa então que a partir daí novas formas de organizar o trabalho não impuseram e não impõem ao trabalhador uma agressão ao conjunto psico-físico do trabalhador?

Imagine o leitor que em meados dos anos 1990, certo funcionário executava um trabalho semi-informatizado, para o qual dispunha de um computador para coletar informações em planilhas eletrônicas, manipulá-las etc., mas transportando para um formulário de papel o resultado dessa pesquisa. Esse formulário era fornecido a um centro de processamento de dados, o CPD, um resquício dos primeiros paradigmas da informática ainda comum naquele tempo, onde as informações entravam como alimentação de um sistema que produzia o relatório final do trabalho. Mas esse modelo já havia sido superado por um novo padrão de organização e métodos. Com a tecnologia de informação já disponível nessa época era possível eliminar a etapa intermediária em que o formulário de papel era produzido por A e processado por B, e isso foi feito. Lá pelos últimos anos da década, nosso funcionário recebeu novos equipamentos e passou a fazer tudo sozinho, ele mesmo operando as entradas no sistema, imprimindo os relatórios finais do trabalho e fornecendo em cd ou dvd a entrada para um sistema de grande porte.

Resultado: o CPD desapareceu. Com todas as informações de que essa figura dispusesse sobre a questão, dificilmente ela poderia elaborar naquele momento uma contra-explicação daquele conjunto de circunstâncias dado o emaranhado de aspectos que para isso teria de ser desfiado, sem falar que essas inovações são impostas, quase sem exceção, de forma autoritária, sem qualquer discussão. Qualquer posição que ele defendesse no sentido de continuar trabalhando no modelo em substituição seria recebida como uma excrescência, tal como se ao visitar um amigo em sua casa, o flagrássemos vendo televisão num aparelho branco e preto e ouvindo *long-plays* em vitrolas. Não havia muito para pensar a respeito, tratava-se de se adequar ao novo paradigma ou se adequar ao novo paradigma. O resultado dessa mudança foi que o nosso funcionário livrou-se daquelas tarefas que mencionamos, mas teve de assumir o encargo de dezenas e dezenas de rotinas com as quais não se preocupava antes. O novo sistema em que foi plugado era muitas vezes mais complexo do que as míseras planilhas eletrônicas que ele manipulava de forma jurássica. Passando a operar no mesmo nível do grande porte, teve de incumbir-se das frequentes atualizações de versão, que quase sempre apareciam do nada no penúltimo dia dos fechamentos trimestrais, passou a imprimir ele mesmo os relatórios, para o que precisou de sucessivas impressoras mais rápidas, sem falar das atualizações de índices financeiros mensais, uma nova preocupação. Ele passou a gastar muito mais tempo com essas novas funções do que gastava preenchendo os formulários de papel, muitas vezes à mão; mas não apenas isso, ele precisou aparelhar-se mentalmente para fazer esses controles e essas operações rotineiramente daí por diante e, claro, tendo de produzir os mesmos conteúdos de trabalho de antes ou ainda mais, porque agora ele tinha em suas mãos as "melhores ferramentas disponíveis no mercado". Se antes a maior parte do seu trabalho era dedicada ao seu conteúdo, ou seja, ao seu fim, desapareceu agora aquela estrutura incumbida de executar as atividades-meio com as quais ele não se preocupava antes. O trabalho ficou mais estressante, mas ele mesmo mal se deu conta disso porque aparentemente havia ganhado mais autonomia para executá-lo, o que lhe dava uma sensação de ampliação da sua liberdade de movimentos.

DO HOMEM-BOI AO IDIOTA HOLÍSTICO

Devo a Renato Koci Mendes a conceituação precisa desse sujeito que tem as suas funções "enriquecidas", expressão criada pela sociologia do trabalho para referir uma forma de contornar a simplificação extrema das funções taylorizadas: o *idiota holístico*. Seja pela sua sobrevivência ou pelo desconforto de não se integrar a uma tendência à qual ele vê o seu grupo aderir, mas também pela curiosidade natural dos seres humanos de aprender coisas novas ele acaba mudando de paradigma. Podemos dizer então que o capital descobriu a *desdivisão do trabalho*. O taylorismo metabolizava em capital a força, os músculos, o sangue, o corpo do seu homem-boi. Mas quando acabava o seu turno ele podia quase instantaneamente fazer dissipar da mente toda a economia da sua jornada de trabalho.

Mas do idiota holístico exige-se mais do que isso: o capital quer sugar a sua mente, a sua capacidade de não apenas executar um trabalho, mas também de conceber, planejar, organizar e controlá-lo. Como os professores de administração gostam muito de examinar exemplos da vida real, os cases, vamos registrar um episódio retirado do mundo do trabalho paulistano.

No final da década de 1980, um grande jornal de São Paulo, passava por uma reorganização na sua estrutura, bem-sucedida se a medirmos pelo aumento da tiragem que obteve na época. Como parte dessa reestruturação, os dirigentes resolveram abolir a figura do revisor de textos. Cada jornalista, daí por diante, teria de fazer a revisão das suas reportagens. Destaylorizava-se o trabalho dividido entre o jornalista e o revisor, tal como o conceito que assinalamos: o mesmo que executa a atividade-fim incorpora a atividade-meio, economizando-se salários. Um revisor geral foi incumbido de avaliar a qualidade dos textos, atribuindo a cada jornalista um escore mensal de erros. Não é difícil imaginar o tamanho da pressão nos fechamentos diários das edições. Quem costuma escrever qualquer coisa também está cansado de saber que muitas vezes relemos várias vezes algo que redigimos sem perceber um erro gritante. O resultado foi um aumento acentuado de erros nas edições, mas nesse caso Taylor deu o troco: a direção do jornal voltou a empregar a figura do revisor de textos.

IV
O HUMOR VAI AO TRABALHO

É fino o humor da Administração. Talvez seja o único considerado válido como texto didático, o que mais uma vez comprova a pluridisciplinaridade dessa área de estudos, como procuramos mostrar nos capítulos anteriores.

A principal razão de a sátira da organização ser levada a sério pode ser o fato de não mostrar caminhos a seguir – vale lembrar como certo gênero editorial de negócios emula a literatura da autoajuda – e mostrar, por trás de suas pérolas, que a racionalidade aparente dos organogramas e fluxogramas não passa de um modelo ideal, no sentido de teóricos. A expressão máxima do humor administrativo ainda é o inglês Cyril Northcote Parkinson (1909 – 1993) com as suas famosas teses.

O trabalho aumenta a fim de preencher o tempo disponível para sua conclusão, do que decorre que se o trabalho burocrático – o universo em que se move Parkinson é o mundo dos escritórios – é elástico na sua demanda de tempo, sempre haverá uma pequena ou nenhuma relação entre o trabalho a ser feito e a quantidade de pessoas a executá-lo.

Um chefe de seção está sempre disposto a aumentar o número de seus subordinados, desde que não sejam seus rivais (por isso o número ideal de subordinados deve ser sempre par, para que briguem em duplas, deixando o chefe em paz).

Os chefes de seção inventam trabalho uns para os outros.

O tempo despendido na discussão de cada item de uma agenda está na razão inversa da soma discutida. O exemplo que Parkinson dá para provar esse aforismo é amargo, principalmente para o Brasil da usina de Angra III. Dois tópicos são discutidos numa reunião: a decisão de construir uma usina nuclear ou um galpão para estacionamento de bicicletas. A primeira proposta é aprovada depois de 2,5 minutos de discussão enquanto a segunda se prolonga por 45 minutos de acalorado debate. A razão? É que de reator ninguém entende nada, ao passo que todos são especialistas em galpões para bicicletas. Conclusão: decidir construir a terceira usina é fácil, mas encontrar uma fórmula para o aumento do uso das bicicletas é difícil.

A alta administração pouco a pouco se enche de gente mais estúpida que o presidente, diretores e gerentes. Se o chefe da organização não é dos melhores, tratará de se cercar de assistentes que sejam ainda piores; e eles, por sua vez, providenciarão subordinados os piores de todos. Haverá logo uma verdadeira competição de estupidez, em que as pessoas fingem ser ainda mais estúpidas do que realmente são. Repare o leitor como a ficção de Parkinson acabou superada pela realidade. Na crise de 2008/2009, o governo Obama drenou quase um trilhão de dólares para o salvamento do sistema bancário e da economia em geral. A direita republicana norte-americana vê isso como uma tendência ao socialismo, o que levou o presidente ao gesto patético de anunciar para a imprensa que ele não é um político comunista. No que poderíamos chamar de uma visita ao túmulo de Parkinson, convoca os setorialistas da Casa Branca para dizer: Não, por mais que os meus detratores insistam, eu não sou um político progressista; sou um cara tão reacionário quanto o pior dos republicanos.

A administração dificilmente perde seu foco no par eficiência/eficácia. Um chefe sempre cobra um desempenho melhor dos seus subordinados. Mas e o desempenho dele? O que o credencia a julgar que alguém da sua equipe está deixando a desejar? O norte-americano Laurence Johnston Peter (1919-1990) pensou o problema da incompetência de uma forma original, tomando como referência a carreira ascensional de alguém numa organização. Eis o princípio de Peter: numa administração estruturada hierarquicamente, as pessoas tendem a ser promovidas até atingir o seu nível de incompetência. Corolário: todo trabalho é executado pelos funcionários que ainda não atingiram seu nível de incompetência. Isso é, claro, uma caricatura, mas o que poderia explicar a fixação dos norte-americanos com os brucutus da dinastia Bush?

Lá no final da primeira seção do capítulo anterior falamos da arte de fazer alguém que executa um certo trabalho acrescentar a ele um trabalho Δ pelo mesmo salário. *Veja* as falas desta reunião de trabalho da história em quadrinhos *Dilbert*, criação do norte-americano Scott Adams (1957):

> Chefe (*C*): Acabo de perceber que posso dobrar suas cargas de trabalho e vocês não podem fazer nada a respeito. Vocês têm sorte de ter emprego na atual situação econômica! Vocês estariam dispostos a sacrificar suas vidas pessoais sem ganhar hora-extra por isso! [nota minha: repare que o chefe não está perguntando, está afirmando.]
> Dilbert [afirmando, também]: Mas pelo menos o nosso esforço resultará em oportunidades de promoção.
> C: Você é tão engraçadinho.Queria estar agora com a minha máquina fotográfica.
> C: Alice, soube que você passa a noite com a sua família. É uma hora que poderia ser usada produtivamente sem pagamento extra.
> Alice (A): O senhor tem família?
> C: Humm... Isso explicaria aquela gente morando na minha casa...
> A: Não posso continuar trabalhando depois da hora... Mereço ter uma vida pessoal...
> C: Alice, Alice, Alice... Esta não é a geração *individualista* dos anos oitenta. Estamos em plena década de noventa. Espero que você trabalhe 178 horas por semana.

A: Mas uma semana só tem 168 horas...

C: Espero que a sua família contribua com algumas horas.[12]

[12] Scott Adams, *Preciso de férias!*, Porto Alegre: L&PM, 2008, p. 26.

V
CONSIDERAÇÕES FINAIS

Um bom recurso para examinar uma teoria no campo das humanidades, como é o nosso caso, é procurar estabelecer os seus alcances e os seus limites. Ao empreendermos essa busca fazemos esse objeto estudado expor-se ao atrito com os variados segmentos da própria realidade de que faz parte; daí é possível perceber como ele atravessa essas camadas e é por elas atravessado. Se olharmos o mundo capitalista na sua atividade diuturna pelas lentes do marxismo, veremos nele o fenômeno econômico. Dificilmente deixaria a economia de ocupar esse espaço de forma predominante. Mas nesse mesmo campo econômico vemos grupos organizados como empresas que precisam ser, preferencialmente, bem administradas. A teoria generalizada, diz Fernando Cláudio Prestes Motta (1945-2003), requer rigor científico, não lhe bastando a coerência interna; é preciso que seja coerente com o segmento da realidade que se propõe a descrever, explicar, modificar ou aperfeiçoar.

Se se tratasse apenas de *descrever* e *explicar* a realidade, talvez o nosso estudo não fosse além daquelas abordagens recenseadas de forma cronológica que os livros de Teoria Geral da Administração apresentam. Porém, diz Motta, trata-se também de *modificar* ou *aperfeiçoar*. Isso dá uma determinada dinâmica ao nosso empreendimento, razão pela qual não gostaríamos que o estudante de administração se limitasse a memorizar de forma mecânica aquelas escolas da TGA. O leitor desses textos pode ser tentado a considerar os posteriores como melhores do que os anteriores, como havíamos dito. Eventualmente o exercício inverso pode ser feito, mas da mesma forma implicando riscos. A filosofia da história tem hoje um campo próprio de estudos e antes de mergulharmos nos seus meandros o mais prudente é suspender o juízo sobre esse tipo de questão. A partir daí, poderíamos entender aquele desfile de abordagens de uma forma o menos mecanicista possível. Começamos com a Escola Clássica – o taylorismo e Fayol – e o seu enfoque prescritivo, sucedida pela Escola de Relações Humanas, também normativa. Na sequência, novos estudiosos passam a perceber que essas formas de pensar a administração têm limites estreitos. Por quê? Por estudarem-na *por dentro*, sem se distanciar um mínimo. É assim que Taylor determina qual a pergunta a ser feita e qual a resposta a ser dada. Esses estudiosos percebem que a administração é, no mínimo, um vigoroso braço da economia, o que vale dizer que ao menos pelo tamanho desse fenômeno ele já merece um estudo mais rigoroso. Aí vemos surgirem os olhares explicativos, *distanciados*. A administração senta no banco escolar da graduação, do mestrado e do doutorado. Nesse jogo entre o prescritivo e o explicativo, a teoria pode, usando mais um conceito de Motta, "servir de base para a realidade". Temos então meio caminho andado para que teoria se transforme em ideologia. Neste ponto, as coisas se embaralham, e muito.

A e *B* são amigos; *A* é rico e *B*, pobre, ganha dois salários-mínimos por mês. *A* convida *B* para um jantar num restaurante caro. Na hora de pagar a conta, *B* diz a *A* que não tem dinheiro para pagar a sua parte. *A* revela-se insensível e truculento, mostrando-se indignado. Mas na sua ira, ele não agride *B* de forma direta, com palavras ofensivas à sua honra. Diz: "Vou pagar a sua parte, mas você precisa aprender a *organizar* melhor o seu orçamento doméstico, deve planejá-lo de forma a não comprometer certa rubrica de despesas gastando os recursos a ela consignados com outras. Passe na livraria e compre um manual de economia doméstica." Ora, se *B* for esperto, responderá: "Você é um fariseu; sabia que eu sou pobre, então não deveria me convidar para o jantar se não queria pagar a conta". Se lhe faltar essa esperteza, sentir-se-á humilhado e culpado pela sua própria pobreza, ele que já é a sua primeira vítima. *B* corre esse risco porque *A*, de forma insidiosa, fez uma triangulação argumentativa: para atingir o amigo, apontou para um possível saber que ele, *B*, teria a obrigação de dominar. A menção desse certo saber confere a *A* uma pseudoautoridade, uma artimanha que *B* pode não perceber.

Pensando o Brasil contemporâneo como país periférico, a administração como prescrição ocupará um papel relevante nos discursos do poder político nas últimas décadas, especialmente a partir do governo Collor. Em nome da *boa administração* do país remédios econômicos próximos da letalidade serão aplicados em programas fiscalistas, monetaristas, privatizações de empresas estratégicas próprias do patrimônio público, reformas supressoras de direitos, ampliação do passivo externo líquido (espécie de dívida externa não contábil, determinada pela operação de milhares de empresas estrangeiras no país, combinada com a praticamente inexistência de empresas multinacionais brasileiras operando em solo estrangeiro – não como meras exportadoras – que poderiam contrabalançar esse fluxo; em novembro de 2003, segundo o senador Aloizio Mercadante em entrevista concedida à revista *Conjuntura Econômica*, essa conta chegava a 400 bilhões de dólares), radicalização do modelo agroexportador vigente desde o período colonial (as exportações de produtos manufaturados são feitas na sua maioria por empresas multinacionais, do que resulta que, no final, as receitas das exportações acabam voltando aos seus países) etc. Esses programas econômicos são na maioria das vezes implementados em nome da *eficiência*, nem sempre se questionando a sua eficácia, o que nos leva a uma espécie de cavalo-de-pau lógico: a dominação econômica transgride seus próprios mandamentos, discurso este em nome do qual se efetiva.

DO BANCO ESCOLAR AO BANCO DOS RÉUS

Na edição de 23 de março de 2009, o jornal *Folha de S.Paulo* publicou o artigo *Os cursos de MBA têm culpa na crise?*, de Kelley Holland. A partir do final de 2008, o mundo das finanças passa a sofrer colapsos semanais, quase diários. Nos Estados Unidos, os analistas procuram definir como se diferenciam e se conectam no interior do sistema econômico as crises dos setores imobiliário e financeiro. Nesse cenário, Holland lembra o óbvio: empresas são administradas por... administradores, que em grande número se habilitaram por meio dos cursos conhecidos como *Master of Business Administration*. Esse tipo de crítica é consistente porque aponta os limites da ação administrativa não de uma forma vaga e abstrata, mas mostra o objeto sob exame no momento em que mais dele se exige, que é a crise. Com a teoria da contingência, a partir da década de 1960, um novo padrão de flexibilidade e de agilidade é delineado, buscando romper com as "fronteiras claras que permitem distinguir o interior da organização de seu exterior".[13] O ambiente, a tecnologia, uma estratégia organizacional que leve em conta esses fatores e a configuração de uma *empresa orgânica* – ágil e adaptativa –, superando a rigidez da tradicional *empresa mecânica*, são padrões de uma nova visão administrativa que deve olhar para o meio ambiente e corrigir de forma permanente e proativa os rumos da organização de acordo com as novas realidades que se apresentam.

[13] Fernando Cláudio Prestes Motta & Isabella Gouveia de Vasconcelos; *Teoria geral da administração*, 3a edição, São Paulo: Cengage Learning, 2006, p. 209.

Pesquisas como as que foram feitas no campo da teoria da contingência são sofisticadas e obedecem ao rigor metodológico exigido pelos padrões científicos, envolvendo gente renomada como a socióloga Joan Woodward (1917-1971), mas no artigo de Kelley Holland o que se pergunta é o quanto esses ensinamentos são absorvidos e aplicados pelos estudantes dos cursos de MBA nas empresas em que trabalham. Nos últimos anos, diz Holland, as principais escolas de negócios dos Estados Unidos mandaram mais de 40% dos seus formandos para o mundo das finanças, mas, com a economia caótica e tantas empresas em queda livre, analistas e até educadores se perguntam se o ensino dado aos alunos de administração não pode ter contribuído para a pior crise econômica das últimas décadas. E assim os depoimentos de dirigentes de algumas importantes escolas de gestão norte-americanas esboçam um *mea culpa* diante do fato de que num ambiente e num intervalo de tempo em que a economia e as condições sociais em geral se mantenham relativamente estáveis talvez seja possível pôr em prática esse tipo de tecnologia gerencial capaz de se antecipar às novas tendências adaptando-se a elas, mas parece que ainda não foi constituído um dispositivo capaz de prever e contornar uma crise como a de 2008/2009. Isso que seria uma típica ação prevista pela teoria da contingência não apenas não aconteceu como em alguns casos empresas de grande porte, elas mesmas, contribuíram para a sua propagação, ao divulgarem lucros fictícios nos seus balanços, por exemplo.

A partir do choque de neoliberalismo dos anos 1990, nós ouvimos à náusea discursos sobre a excelência da gestão de empresas privadas, em oposição à ineficiência das empresas estatais. Um comercial do programa de privatizações do governo Collor (1990-1992) mostrava um paquiderme como metáfora das empresas estatais, resultando desse processo o programa de privatizações implementado pelos governos Fernando Henrique Cardoso (1995-2002) e mantido pelo seu sucessor, Lula (no sentido de que as privatizações do programa tucano não foram revertidas). Como, então, explicar a crise de gestão das empresas norte-americanas, não por acaso sediadas no país que é o principal polo irradiador do neoliberalismo? Problemas como esses mostram a complexidade do estudo da administração. Em seus domínios entrecruzam-se campos práticos, teóricos e ideológicos. Nessas realidades forjam-se discursos e narrativas – não exclusivamente produzidos pela própria administração – os quais não podemos ignorar porque eles contêm dados dessas realidades em que vivemos, mas que ao mesmo tempo precisamos aprender a filtrá-los naquilo que carregam de ideologia.

O estudante de administração frequentemente está angustiado, e com razão, pela necessidade de dominar as funcionalidades administrativas que o mercado de trabalho dele exigirá a partir dos seus estágios e da conclusão do curso. Espera-se, efetivamente, de um bom curso que ele cumpra essa função; mas como perceberam os estudiosos a partir das abordagens clássicas, tratava-se também de examinar esse objeto de *certa distância*, o que implica, temporariamente, deixar de lado soluções apressadas para problemas muitas vezes complexos, daí o estudo das teorias. Isso nos leva ao interior de uma espécie de jogo em que precisamos fixar os nossos alvos em pontos de uma

gama de polaridades e contínuos. Orientar-se para a produção ou para as finanças? Curto, médio ou longo prazo? Vamos aprender as práticas exigidas pelo mercado ou estudar as críticas que os especialistas desenvolveram ao longo de décadas? Questões como essas raramente têm respostas unívocas, demandando estudo e reflexão. Mas para isso podemos contar com a comunidade de estudantes, professores e pesquisadores de administração, além de interessados nesse assunto de um modo geral. Vivemos, afinal, como diziam os frankfurtianos, num mundo administrado.

INDICAÇÕES PARA LEITURA

• *Introdução à teoria geral da administração*, de Idalberto Chiavenato, publicado pela editora Campus, continua sendo a bíblia das teorias administrativas. Revista e atualizada em 2004, é uma pequena enciclopédia do gênero a partir do taylorismo; poderia ser traduzido no exterior sem fazer feio.

• *Teoria geral da administração*, de Fernando Cláudio Prestes Motta e Isabella Gouveia de Vasconcelos, também é uma referência básica desse campo de estudos. O livro percorreu uma trajetória peculiar. Sua primeira versão foi escrita por Fernando Cláudio e a partir dela as novas edições e ampliações contaram com a colaboração de Isabella. *O que é burocracia*, de Motta, coleção Primeiros Passos, mostra as relações entre poder, controle, alienação e o fenômeno burocrático. Texto ágil e uma densa crítica amparada pelo rigor investigativo do autor rendem ao leitor um avanço seguro na temática abordada.

• *Organização e administração – um enfoque sistêmico*, de Fremont E. Kast e James E. Rosenzweig, Editora Pioneira, analisa a organização mediante três núcleos: a estrutura, o sistema psicossocial e o sistema de administração. Seu interesse especial é a análise precisa da relação entre tecnologia e as mudanças provocadas por ela nos ambientes interno e externo.

• A mais densa crítica dos princípios do taylorismo pode ser lida em *Trabalho e capital monopolista*, de Harry Braverman, Editora LTC. A obra contribui significativamente para uma contextualização histórica das origens da gerência, principalmente no que tange à degradação do trabalho e do capitalismo industrial. O capítulo *A divisão do trabalho* é definitivo sobre o assunto, além de refutar as teses de Emile Durkheim e Georges Friedman nessa área. Um dos alvos de Braverman, como mostra o capítulo *Habituação do trabalhador*, é o modo como certos domínios da pesquisa acadêmica – a sociologia, a psicologia e a fisiologia voltadas para o trabalho industrial – operam como instrumentos do capital, apresentando como *conhecimento novo* regras de exploração do trabalhador. O foco do livro é a degradação do trabalho no século XX, mas a costura de conceitos e dados históricos ali elaborada é uma boa ferramenta para refletirmos sobre essa temática na nossa época.

• *Introdução à teoria dos sistemas*, de C. West Churchman, Editora Vozes, faz uma incursão pelos sistemas organizacionais por meio de um hipotético debate entre defensores de quatro posições distintas: os advogados da eficiência, os advogados do

uso da ciência, os humanistas e os antiplanejadores. Suas concepções de eficácia aplicada a sistemas são primorosas e mostram avaliações que vão muito além dos tradicionais cálculos de economia de escala. Clássico indispensável, infelizmente fora dos catálogos das livrarias, mas que pode ser encontrado nos sítios de buscas dos sebos.

• Umbilicalmente ligada à informatização que domina o nosso mundo atual, a cibernética, como teoria, curiosamente perdeu boa parte do seu prestígio nas últimas duas décadas. Para quem se interessar pelo assunto, vale a pena garimpar exemplares da extinta revista *Dados e Ideias*. Muito mais do que uma revista de informática, sua seção *Cibernética* trazia insólitos artigos de Heitor Pinto Filho, em que ela é mostrada nos fenômenos sociais do cotidiano, como greves, sequestros, corrida armamentista etc. Em 2007, Fernando Ricardo Salles apresentou a dissertação *A relevância da cibernética – aspectos da contribuição filosófica de Norbert Wiener* como parte da produção do seu mestrado na Faculdade de Filosofia, Letras e Ciências Humanas da USP. Como de praxe, deve haver uma cópia para consulta na biblioteca.

• A filosofia uspiana tem dado contribuições relevantes para a compreensão da realidade contemporânea, em que se inscreve o fenômeno administrativo. Dois livros importantes de Marilena Chauí ganharam revisão e atualização. *Cultura e democracia – o discurso competente e outras falas*, Cortez Editores, trata de como instaurar uma crítica como contradiscurso ao ideário da racionalidade científica e administrativa. De Maquiavel a Claude Lefort, com parada obrigatória na filosofia de

Espinosa, Chauí desenha um vasto plano de conceitos tendo como horizonte a busca da dimensão propriamente humana, desaparecida na racionalização burguesa do mundo. *O que é ideologia*, coleção Primeiros Passos, teve a sua revisão e atualização depois de 48 reimpressões desde o seu lançamento em 1980. O capítulo *A ideologia da competência* retoma a temática de *Cultura e democracia* de forma resumida, mostrando como se articulam o prestígio e o poder conferidos ao conhecimento científico e tecnológico com a emergência de uma racionalidade administrativa.

• *Sociedade da total administração*, conceito desenvolvido por Theodor Adorno e Max Horkheimer ou *sociedade unidimensional*, segundo Herbert Marcuse, fazem parte da temática examinada por Olgária Matos em *A escola de Frankfurt – luzes e sombras do iluminismo*, da Editora Moderna, de 1999. Aí o problema da administração se inscreve numa reflexão sobre a razão que perdeu a sua imaginação estética e que procura reencantar o mundo despoetizado da técnica.

• A Editora Unesp deu a *Burocracia e ideologia*, de Maurício Tragtenberg, em 2006, uma nova edição revista. Entre outros interesses, a obra procura definir a gênese e a estrutura da Teoria Geral da Administração, da empresa capitalista ao coletivo burocrático, destacando nesse contexto o papel do Estado.

• *O que é taylorismo*, de Luzia Margareth Rago e Eduardo Moreira, desta coleção, de 1984, ainda desperta interesse pela sua leitura porque trata de aspectos históricos relevantes como, por exemplo, a relação complicada dos líderes da revolução russa de 1917 com a doutrina taylorista, assunto pormenorizado em *Lenin, os camponeses, Taylor*, de Robert Linhart, da Editora Marco Zero.

• O capítulo humor no chamado mundo corporativo ganhou edições das tiras de *Dilbert*, de Scott Adams, da L&PM. Organizados em uma coleção, *Preciso de férias!*, *Corra, o controle de qualidade vem aí,* entre outros exemplares, mostram o mundo sem graça dos escritórios; enquanto Dilbert sonha livrar-se da sua minúscula baia e conquistar uma sala maior, volta e meia surge o pesadelo da demissão para corte de custos. Um clássico do gênero, *A lei de Parkinson,* de Cyril Northcote Parkinson, teve nova edição da Editora Nova Fronteira, em 2008. O trabalho aumenta de modo a preencher o tempo disponível para sua conclusão, diz ele. Deve ser por isso que em 2009 veio a público o escândalo do Senado brasileiro com a sua estrutura de 181 diretorias.

• Entre as revistas especializadas[14], destaca-se a *RAE – Revista de Administração de Empresas*, vinculada à FGV de São Paulo. Em circulação desde maio de 1961, seu programa editorial tem como objetivo estimular a produção e a disseminação de conhecimento em administração de empresas. Atualmente é publicada trimestralmente. Na área do jornalismo de negócios, se tiver de ler a *Exame*, mantenha todas as luzes amarelas do desconfiômetro acesas. É propaganda ideológica despudorada. Já a *IstoÉ Dinheiro* é um pouco mais pudica e compromissada com o que se entende por isenção jornalística. O leitor de *Exame*, por exemplo, jamais leria nas suas páginas uma re-

[14] Contei com proveitosas indicações de Fábio Frischlander Climeru.

portagem como *A santa teimosia de Reis Veloso*, da edição de 27 de maio de 2009, em que se anuncia que o "profeta do planejamento estatal e do desenvolvimento, o ex-ministro pregou durante anos no deserto. Agora, voltou a ser ouvido." Isso não se encaixa na dogmática liberal da editora Abril.

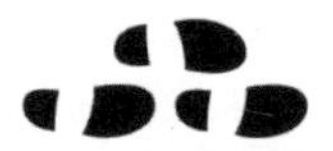

SOBRE O AUTOR

Nasci em Maringá e lá fiquei quinze anos. Em São Paulo, trabalhei em escritórios de *office-boy* a contabilista, vivenciando aquele ambiente genialmente mostrado por Scott Adams: um Dilbert da vida.

Em 1993, migrei da sociedade civil para o Estado (Receita Federal do Brasil), se tomarmos em conta aquela distinção hegeliana que mencionei no capítulo "Ainda sobre as interfaces da administração". Se na iniciativa privada a tensão máxima aflora nos momentos em que se perde o emprego, no mundo do funcionalismo público a vida profissional é estabelecida de outra forma. O funcionário público, que trabalha para o Estado e que em última análise é o elemento que o constitui, tem como chefe o ministro ou o secretário, figuras da sociedade civil que no mais das vezes representam interesses privados da esfera do capital. Esse descompasso atingiu o paroxismo durante o ciclo de reformas constitucionais implementado pelos dois governos FHC e concluído no primeiro governo Lula. Tudo isso, claro, em nome da boa administração. Não admirará o leitor, portanto, quando este autor saca os modestos recursos da sua crítica ao ouvir falar coisas como eficiência, eficácia, valor agregado e por aí afora. Se ainda puder contar com a generosidade com que estudantes e professores acolheram a primeira edição, vou dedicar um capítulo a essa história numa próxima reedição. As privatizações e as reformas neoliberais do ciclo Collor – Itamar – FHC – primeiro governo Lula – foram alavancadas em larga medida, mas não só por isso, por um acirrado discurso eficientista, que é preciso desmontar.

Eu obtive o diploma de Ciências Contábeis pela Universidade São Francisco e depois da pós-graduação na FGV-SP (CEAG) voltei ao terceiro grau, desta vez na Filosofia da USP. E lá estou fazendo o mestrado na área de Filosofia Política, sob a orientação do professor Milton Meira do Nascimento. Se tudo der certo, em breve publicarei uma coletânea de aforismos sob o título *Breve tratado sobre todas as coisas.*

IMPRESSÃO:

Santa Maria - RS - Fone/Fax: (55) 3220.4500
www.pallotti.com.br